Celina del Amo

Welpenschule
der sanfte Weg zum Familienhund

51 Farbfotos
15 Zeichnungen

Heimtiere

Ulmer

Inhalt

Vorwort

Für Hanne,
Noemi Hazel und
Alvaro

Lieber Leser,
möglicherweise fragen Sie sich, weshalb man in letzter Zeit so viel
Brimborium um die Welpenaufzucht, um Welpenspielgruppen und
Ähnliches macht. Vielleicht hatten Sie auch schon früher Hunde, die
nicht an einer Welpengruppe teilgenommen haben, aber trotzdem
tolle Gefährten waren, und Sie halten diesen Aufwand deshalb für
übertrieben. Der Grund dafür, dass ich Welpengruppen, eine artgerechte Früherziehung und später eine intensive weitere Beschäftigung
mit dem Hund für notwendig halte, ist der, dass sich leider recht viele
Hunde nicht ohne Probleme in der menschlichen Gesellschaft zurechtfinden. Einige sind nicht gut genug erzogen und fallen deshalb
auf, anderen mangelt es an guter Sozialisation. Ins Blickfeld der
Öffentlichkeit geraten vor allem scheue und ängstliche oder aggressive Hunde.

Der Schlüssel für das reibungslose Einfügen in die Gesellschaft ist
vor allem ein reicher und positiv gestimmter Erfahrungsschatz, den
der Welpe während der Sozialisationsphase erworben hat. Daneben
spielt selbstverständlich auch die Erziehung eine große Rolle. Ein gut
sozialisierter und gut erzogener Hund verursacht kaum jemals Probleme. Er kann praktisch überallhin mitgenommen werden und ist in der
Lage, sich leicht neuen Situationen anzupassen.

Auch folgenden Aspekt sollte man berücksichtigen: Das Leben, das
sehr viele Hunde heute führen, unterscheidet sich von dem, für das
die meisten Rassen ursprünglich gezüchtet worden sind. Dass die
Hunde nicht mehr für uns Menschen arbeiten, wie sie es früher getan
haben, mag auf den ersten Blick als Fortschritt erscheinen. Es ist aber
für die Tiere ein großer Nachteil, denn Hunde, die keine Beschäftigung haben und „nur" als Haushunde gehalten werden, leiden schnell
unter Langeweile. Lassen Sie Ihren Hund schon als Welpen im Sinne
einer guten Sozialisation möglichst viele Umweltabenteuer erleben
und beginnen Sie frühzeitig, die Grundbefehle zu trainieren! Beides
wird Ihnen Ihr Hund, wenn er erst einmal erwachsen ist, dadurch
danken, dass er sich zu einem unkomplizierten und belastbaren Kum-
pel entwickelt hat.

Düsseldorf, im Frühjahr 2000   Celina del Amo

Was Sie über Welpen wissen sollten

Rechte Seite:
Welpen nutzen gerne
jede Gelegenheit zum
Spielen.

Die Welpenzeit erstreckt sich vom Moment der Geburt bis etwa zum 4. Lebensmonat und geht fließend in die Junghundphase über. Für das spätere problemlose Zusammenleben spielt die Sozialisationsphase, die in die Welpenzeit fällt, die entscheidende Rolle.

Sozialisation

Im Leben des Hundes kommt der Welpenzeit eine ganz besondere Bedeutung zu, denn während der ersten Lebensmonate nimmt der Hund seine Umwelt anders wahr als im Verlauf seines weiteren Lebens. Die für die Ausbildung des Verhaltens und des Charakters wichtigste Phase ist die Sozialisationsphase (3. bis 16. Lebenswoche), die sich nach der Geburt an die Neugeborenenphase (1. bis 14. Tag) und die Übergangsphase (15. bis 21. Tag) anschließt.

Als Sozialisation wird der Prozess der Eingliederung eines Individuums in die Gesellschaft bezeichnet. Auf Hunde übertragen bedeutet dies, dass Welpen während der Sozialisationsphase die für ihren Lebensraum typischen Situationen, Ereignisse und soziale Spielregeln kennen lernen.

Die Erfahrungen und Eindrücke, die der Welpe während dieser Zeit in Bezug auf Artgenossen, im Erleben der Umwelt mit all ihren Individuen und in der Begegnung mit Objekten und Situationen gewinnt, dienen ihm dann für das gesamte weitere Leben als Vergleichsmaßstab. Die Sozialisationsphase hat somit prägungsähnlichen Charakter.

Deshalb sollte man dem Welpen während dieser Zeit unbedingt genug Gelegenheiten bieten, seine Welt in möglichst vielfältiger Weise zu erleben. Der Züchter, aber natürlich auch Sie als neuer Welpenbesitzer haben hierzu alle Fäden in der Hand und können entscheidend dazu beitragen, dass sich der kleine Welpe positiv entwickelt und so zum selbstsicheren und fröhlichen Hund heranwächst. Die Sozialisationsphase gegenüber Hunden, Menschen, anderen Tierarten, unbelebten Objekten und Situationen ist unterschiedlich lang, die zeitlichen Übergänge sind fließend.

Die Sozialisationsphase ist für den Welpen allerdings nicht nur wichtig, damit er seine Umwelt kennen lernt, sondern es ist auch der Lebensabschnitt, in dem er wichtige Regeln der innerartlichen Kommunikation erlernen muss. Die meisten Verhaltensregeln, die er für einen problem-

■ Wenn sich Hund und Katze schon jung kennen lernen, gibt es keine Probleme.

losen Umgang mit Artgenossen braucht, sind Hunden nicht mit in die Wiege gelegt. Sie müssen erlernt werden. Dies geschieht meist bei Spielen und Rangeleien – zunächst zwischen den Wurfgeschwistern, später aber auch im Spiel mit anderen Hunden und mit Menschen.

Wir trennen die Welpen meist zu einem Zeitpunkt von der Mutterhündin und den Wurfgeschwistern, zu dem beispielsweise ein junger Wolf den Familienverband noch lange nicht verlassen würde. Deshalb sollten dem Welpen ausreichend Spielgelegenheiten geboten werden, bei denen er soziale Interaktionen, Rangstellungen und Jagdsequenzen erproben und gleichzeitig seine Geschicklichkeit schulen kann. Hunde, die als Welpen viel Gelegenheit zum Spielen hatten, werden später keine Kommunikationsprobleme mit anderen Hunden haben, denn sie kennen die wichtigsten Verhaltensregeln und wissen Mimik und Gestik einzuschätzen.

Sozialisation

- mit Hunden: ca. von der 3. bis 6. Lebenswoche

- mit Menschen: ca. von der 4. bis 12. Lebenswoche

- mit anderen Tierarten: ca. von der 4. bis 16. Lebenswoche

- mit unbelebten Objekten/Situationen: ca. von der 6. bis 18. Lebenswoche

Beißhemmung

Einer der wichtigsten Punkte beim Spiel ist das Erlernen der Beißhemmung. Auch diese ist Hunden nicht von Mutter Natur mit auf den Weg gegeben. Am sichersten erlernt der Welpe eine gute Beißhemmung im Spiel mit anderen Welpen. Dies geschieht nach folgendem Schema: Ein Welpe beißt einen anderen. Dieser schreit vor Schmerzen auf, fährt herum und beißt den Angreifer. Die Stärke der Gegenwehr hängt hierbei von der Stärke des Angriffs ab. Welpen lernen leicht, dass sie fest und weniger fest beißen können. Dabei finden sie die Grenzen heraus, bei denen das Spiel von ihrem Gegenüber abgebrochen wird oder wann sie eine heftige Gegenwehr zu erwarten haben. Da sie gerne spielen, sind sie schnell darum bemüht, ihre Zähnchen in Zukunft besser unter Kontrolle zu halten.

Schnell lernen Welpen im Spiel, dass Beißen in Hände oder Kleidungsstücke das Ende des Spiels bedeutet, es aber weitergeht, wenn er nach den menschlichen Regeln spielt und nicht zu fest zupackt. Um sein Bedürfnis, Beute zu überwältigen, zu befriedigen, können Sie ihm im Spiel Objekte anbieten, in die er nach Herzenslust beißen darf.

Die Beißhemmung ist auch für das Zusammenleben mit Menschen wichtig. Selbst wenn man bei einem Welpen das spielerische Beißen vielleicht noch tolerieren könnte, sollte man ihm trotzdem von Anfang an vermitteln, dass das Beißen in Hände und Kleider unerwünscht ist. Brechen Sie in diesem Fall das Spiel sofort wortlos ab und lassen Sie den Hund einfach stehen.

Auch wenn im Spiel einmal einer der Welpen aufschreit, ist das kein Grund zur Beunruhigung.

Beißereien

Während eines Hundelebens kommt es sicherlich hin und wieder zu einer kleinen Rangelei mit anderen Hunden. Meist handelt es sich um harmlose Streitereien, die die Hunde untereinander klären, ohne dass es auch nur zur kleinsten Verletzung kommt. Auch diese harmlosen Fälle können mit einem wilden Kampfgeschrei einhergehen und sehen für Menschen weit gefährlicher aus als sie in Wirklichkeit sind.

Hunden, von denen man weiss, dass sie die hundetypischen Regeln der Kommunikation nicht beherrschen und schon öfter in ernsthafte Beißereien verwickelt waren, sollte man vorsichtshalber aus dem Weg gehen. Ansonsten aber sollte man dem eigenen Hund möglichst viele Sozialkontakte bieten und Begegnungen nicht durch falsche Vorsicht unterbinden.

Wenn es irgendwann doch einmal zu einer Beißerei kommt, tut man – auch wenn's schwerfällt – gut daran die Hunde agieren zu lassen und nicht einzugreifen. Zum einen, um selbst nicht gebissen zu werden, zum anderen, um damit die Gefahr der Verletzung für den eigenen Hund möglichst klein zu halten. Verletzungen sind meist schlimmer, wenn man versucht, die Tiere zu trennen, denn dabei kann, wenn einer der Hunde noch das Fell des anderen zwischen den Zähnen hat, leicht die Haut zerreißen. Sinnvoller ist es, die Tierbesitzer gehen einfach schnellen Schrittes in verschiedene Richtungen auseinander und rufen die Hunde dann zu sich, um sie anzuleinen, damit sie nicht sofort in eine zweite Runde gehen.

Den so genannten „Welpenschutz" gibt es nicht.

Immer wieder hört man im Zusammenhang mit Beißereien das Wort „Welpenschutz". Dieser Begriff ist eine reine Erfindung, die jeder wissenschaftlichen Grundlage entbehrt. Leider hält sich dieser Ausdruck aber hartnäckig in der deutschen Literatur und in den Fachsimpeleien der Hundehalter. Kein Hund hat die „Pflicht", fremdes Erbgut zu schützen. Deshalb „dürfen" alle fremden Hunde auch gebissen werden, wenn es die Situation erfordert. Weshalb es vergleichsweise selten zu ernsthaften Verletzungen kommt, liegt daran, dass die innerartliche Kommunikation bei Hunden sehr fein abgestimmt ist. Hierdurch werden Schäden vermieden oder zumindest gering gehalten. Sich auf einen Kampf einzulassen ist

10

auch für den Angreifer gefährlich, weil er unter Umständen selbst eine Wunde davontragen könnte.

Welpen sind im Allgemeinen tatsächlich äußerst selten in Kämpfe verwickelt, denn sie haben normalerweise die Tendenz, sich besonders schnell zu unterwerfen und zu signalisieren, dass sie klein und harmlos sind. Alle Hunde, die die Grundregeln der Hundekommunikation beherrschen (und das sind zum Glück die meisten), akzeptieren diese Signale. Deshalb werden Welpen auch selten gebissen. Aber selbst für den Fall, dass ein Welpe tatsächlich gebissen wird, ist noch nicht gesagt, dass bei dem Angreifer ein gestörtes Sozialverhalten vorliegen muss. Wenn der Welpe über die Stränge geschlagen hat, ist es völlig normal, dass er von einem erwachsenen Tier gemaßregelt wird.

Welpenspielgruppe

In vielen Städten wurden in den letzten Jahren immer mehr Welpenspielgruppen eingerichtet. Das sind Treffen von Welpen und ihren neuen Besitzern. Im Idealfall sollten die Teilnehmer dabei von einer fachkundigen Person angeleitet werden.

Innerhalb dieser Gruppen wird – je nach Ausrichtung des Kurses – den Welpen Gelegenheit geboten, mit anderen Welpen zu spielen, kleine Umweltabenteuer zu erleben und auch schon erste Gehorsamsübungen einzustudieren. Sie lernen so nicht nur wichtige innerartliche soziale Verhaltensregeln, sondern es wird gleichzeitig ihre Geschicklichkeit und Konzentrationsfähigkeit geschult (vgl. Umweltabenteuer 1: Fremde Hunde).

Das Spiel sieht oft gefährlicher aus, als es ist.

Auswahl des Welpen

Haben Sie „Ihren" Welpen schon gefunden? Falls nicht, ist es hilfreich, wenn Sie sich von einer Fachperson im Hinblick auf die Wahl der Rasse und auch bei der eigentlichen Auswahl eines Welpen beraten lassen. Fragen Sie doch einmal bei Ihrem Tierarzt nach einer solchen Beratungsmöglichkeit. Entscheiden Sie sich entsprechend den jeweiligen rassetypischen Ansprüchen an das Umfeld und die Lebenssituation und schauen Sie nicht so sehr auf

TIPP Wenn Sie einen Internetzugang haben, können Sie sich folgende Seite anschauen: http://www.tiermedizin.de (Aktuelles, Meldungen, Hunde, „Wir möchten einen Hund kaufen...").

das Äußere. Bedenken Sie, dass Ihr Hund meist mindestens zehn, oft fünfzehn Jahre mit Ihnen zusammenleben wird.

So genannte Charaktertests

Während Sie dabei sind, sich über Welpen zu informieren, werden Sie auch dem Ausdruck „Charaktertest" begegnen und sich vielleicht fragen, was es damit auf sich hat.

Diese Tests sollen dazu dienen, charakterliche Merkmale eines Welpen möglichst früh zu erkennen und einzuordnen. Das ist bedingt auch möglich, denn man kann durchaus schon früh einschätzen, was für einen Burschen man gerade vor sich hat. Vorsicht ist allerdings damit geboten, die Aussage des Welpentests auf das gesamte Leben des Hundes zu beziehen. Das funktioniert nämlich nicht! Es handelt sich um noch in weitem Maße formbare Eigenschaften des Hundes, die in diesen Tests beurteilt werden.

Einen ängstlichen Hund kann man durch entsprechende Förderung selbstsicherer machen. Und einem sehr forschen Welpen kann man rechtzeitig vermitteln, wie viel Freude und Anerkennung ihm seine Menschen entgegenbringen, wenn er etwas „richtig" gemacht hat, anstatt ihm zu viel Freiraum zu geben und somit spätere Probleme heraufzubeschwören.

Das, was gemeinhin als Charakter bezeichnet wird, ist letzten Endes eine Mischung aus den genetischen Anlagen und den Erfahrungen – und zwar sowohl denen, die der Hund in der Sozialisationsphase als auch durch spätere Lernvorgänge gesammelt hat. Trotz dieser Einschränkung geben die Welpentests dem künftigen Hundehalter brauchbare Anhaltspunkte, den für seine jeweiligen Bedürfnisse und Vorstellungen am besten geeigneten Welpen zu finden. Anhand der Testergebnisse kann man dann dafür sorgen, dass der Welpe in ganz spezieller Weise gefördert wird. Sie haben es zum großen Teil selbst in der Hand, dass sich Ihr Welpe durch konsequentes und artgerechtes, vor allem aber auf den jeweiligen Charakter des Hundes abgestimmtes Vorgehen zu einem sicheren, treuen und braven Begleiter entwickelt.

Übernahme des Welpen

Wann ist der günstigste Zeitpunkt, den Welpen zu übernehmen? Leider kann man dies nicht pauschal sagen. Mit Blick auf die Notwendigkeit einer guten Sozialisation ergeben sich aber einige Gesichtspunkte, die den einen oder anderen Zeitpunkt der Übernahme günstiger erscheinen lassen.

Bei einem verantwortungsbewussten Züchter, der die Möglichkeit hat, den Welpen ein breit gefächertes Angebot an den verschiedensten

Umweltreizen zu bieten, können die Welpen, eingegliedert in ihren Familienverband, schon diverse wichtige Aspekte ihrer Umwelt erleben. In solch einem Fall spricht nichts dagegen, den Welpen etwas länger beim Züchter zu lassen. Günstig ist es in solchen Fällen aber, wenn man als neuer Besitzer die Gelegenheit hat, seinen Welpen möglichst häufig schon vor der Übernahme zu besuchen und mit ihm – getrennt von seinen Geschwistern – kleine "Abenteuer" im Sinne weiterer Sozialisation zu erleben. Schön ist es auch, wenn die Welpen nach der Grundimmunisierung Kontakte zu wurffremden Welpen haben dürfen. Leider ist diese Möglichkeit bei den wenigsten Züchtern gegeben.

Sollte der Welpe aus einer nicht ganz so idealen Aufzucht kommen oder sich sein späterer Lebensraum stark vom Ort seiner Aufzucht unterscheiden, tut man gut daran, den Welpen schon früh in die neue Familie aufzunehmen. Dies ist zwischen der 6. und 7. Woche besonders unproblematisch (ein sonst in Deutschland üblicher Zeitpunkt der Welpenübernahme ist die 8. Woche), denn das Verhalten der Welpen ist dann noch wenig angstgesteuert (vgl. S. 28). Ein neues Heim und neue Menschen werden dann besonders leicht akzeptiert. Selbstverständlich müssen Sie in dem Fall selbst dafür sorgen, dass der Welpe eine sichere und breit gefächerte Sozialisation erleben kann. Ideal ist dann die Teilnahme an einer gut angeleiteten Welpengruppe.

Einen Snack an Mamas Milchbar holen sich Welpen auch gerne noch ab, wenn der Züchter schon zufüttert.

Andere wichtige Dinge rund um den Welpen

■ Rechte Seite:
Auch Welpen können
heulen, wenn sie sich
alleine fühlen.

Um bestmöglich vorbereitet zu sein, sollte man sich, bevor man den Welpen übernimmt, auch über Ernährung, die Geschlechterfrage, Versicherungen etc. informieren.

Zähne

Hunde werden ohne Zähne geboren. Die Milchschneidezähne brechen im Alter von drei bis vier Wochen durch. Im Alter von sechs Wochen verfügen Hunde über das vollständige Milchgebiss, das aus 28 Zähnen besteht.

Im Alter von etwa vier Monaten beginnt der Zahnwechsel an den Milchschneidezähnen. Im Laufe der folgenden zwei Monate werden ebenfalls die Milchhakenzähne gewechselt. Nach Abschluss des Zahnwechsels hat der Hund das vollständige Dauergebiss mit 42 Zähnen.

Ungeeignete Futtermittel und ihre Wirkung	
Zwiebeln	Zerstören beim Hund die roten Blutkörperchen
Kakao, Schokolade	Schädigen Herz und Nerven
Milch	Hunde können den Milchzucker (Laktose) nicht verdauen und bekommen deshalb von Kuhmilch schnell Durchfall
Rohe Eier	Sind normalerweise unbedenklich, Vorsicht: Salmonellen!
Knochen	Führen leicht zu Schädigungen im Bereich des Magen-Darm-Traktes, besondere Gefahr bei Geflügelknochen, da viele Geflügelknochen hohl sind und leicht splittern
Süßigkeiten	Schädigen die Zähne

Wenn Sie mit dem Hund ein Ziehspiel spielen
- Versuchen Sie von Anfang an darauf zu achten, dass Sie die Spielregeln aufstellen.
- Um das Spiel abzubrechen, eignet sich hervorragend der Befehl AUS (s. Seite 81), den Sie hier gut üben können.

Während des Zahnwechsels fällt auf, dass der junge Hund ein vermehrtes Kaubedürfnis hat. Dem sollte man unbedingt Rechnung tragen und ihm Büffelhautknochen, Ochsenziemer, Schweineohren und Hundekuchen zum Knabbern geben. Gelegentlich sind die Kauknochen den Welpen allerdings zu hart und sie bevorzugen Schuhe, Bücher oder andere Sachen, die sie irgendwo erwischen können.

Achten Sie dann darauf, nichts in Reichweite des Hundes herumliegen zu lassen. Sie können Abhilfe schaffen, indem Sie ihm Gummispielzeuge anbieten, die im Handel erhältlich sind. Viele Hunde nehmen diese gerne als Ersatz an. Preiswerter ist aber selbstgebasteltes Spielzeug wie ein alter Socken, den Sie einfach mit Stoffresten füllen.

Die meisten Hunde lieben in der Zeit des Zahnwechsels besonders Ziehspiele. Wenn dabei einmal ein Milchzahn verloren geht, ist das kein Grund zur Besorgnis, auch wenn die Sache blutig aussieht.

Häufig haben Hunde während des Zahnwechsels unangenehmen Mundgeruch. Wenn dieser nach dem Zahnwechsel nicht besser wird, sollten Sie den Hund vom Tierarzt untersuchen lassen, denn auch Magen-Darm-Erkrankungen können der Grund für schlechten Atem sein. Sollte der Hund in späteren Jahren wieder einmal Mundgeruch haben, liegt es vielleicht daran, dass er Zahnstein hat. Im Zahnstein und in Zahnbelägen sammeln sich Bakterien, die ungesund sind. Des-

16

halb, aber natürlich auch wegen des üblen Geruchs, sollten Sie den Zahnstein entfernen lassen. Kontrollieren Sie die Zähne Ihres Hundes von klein an regelmäßig, so erkennen Sie Zahnprobleme frühzeitig und können sie behandeln lassen.

Sexualität – der kleine, große Unterschied

Wenn Sie noch keinen Welpen ausgesucht haben, sollten Sie sich zunächst genau überlegen, ob Sie lieber eine Hündin oder einen Rüden haben möchten. Die wichtigsten, auf das Sexualleben bezogenen Unterschiede zwischen den Geschlechtern sind im Folgenden zusammengestellt.

Hündin

Bei einer Hündin tritt die Geschlechtsreife zwischen dem 7. und 11. Lebensmonat ein. Sie wird dann zum ersten Mal läufig. Da der Körper der Hündin zu diesem Zeitpunkt noch nicht ausgewachsen ist, sollte man nicht bereits in der ersten Läufigkeit mit der Hündin züchten.

Die meisten Hündinnen werden zweimal im Jahr läufig. Die Läufigkeit dauert meist ca. 21 Tage. Am Anfang sondert die Hündin dabei

■ Beim Trinken machen die Welpen einen zufriedenen und konzentrierten Eindruck.

ein blutiges Sekret ab, das zunehmend klarer wird. Dieses Sekret enthält Duftstoffe, die die Rüden anlocken. Paarungsbereit ist die Hündin allerdings nur wenige Tage – meist um den 11. bis 13. Tag der Läufigkeit. Man erkennt dies daran, dass die Hündin den Schwanz zur Seite legt und die Rüden nicht mehr wegbeißt, sondern mit ihnen kokettiert und sich ihnen anbietet. Nicht selten spielen die Hunde vor dem Deckakt miteinander. Viele Rüden umwerben hierbei die Hündin regelrecht, andere wollen sofort zur Sache kommen. Hündinnen bestimmen sehr eigenverantwortlich, welchen Rüden sie als Geschlechtspartner für angemessen halten. Alle anderen werden weggebissen. Diese Form der Aggressivität ist völlig normal und hört nach der Läufigkeit wieder auf.

> Aus medizinischer Sicht ist und bleibt die Hündin trotz eines gemischten Wurfes zuchttauglich. Außerdem „verderben" etwaige Mischlinge im Wurf in keiner Weise das Erbgut der reinrassigen Wurfgeschwister!

Hündinnen können von mehreren Rüden befruchtet werden, da die Eizellen nicht alle zum gleichen Zeitpunkt reif sind. Deshalb ist es möglich, einen Wurf Welpen von verschiedenen Vätern zu haben. Entgegen alter Bauernweisheiten ist dies auch beim Rassehund kein Grund zur Besorgnis, denn es wird bei der Befruchtung jeweils nur eine Eizelle von einem Spermium befruchtet. Die Gene unterschiedlicher Väter werden also nicht vermischt! Die Trächtigkeit dauert normalerweise 62 bis 63 Tage. Die Welpen werden ca. bis zur 6. Lebenswoche von der Mutterhündin gesäugt und dann von der Muttermilch endgültig entwöhnt.

Rüde

Beim Rüden erkennt man die Geschlechtsreife daran, dass er beim Wasserlassen sein Bein hebt und sich plötzlich für läufige Hündinnen interessiert. Dies kann ab dem Alter von fünf Monaten der Fall sein oder auch sehr viel später. Das Erreichen der Geschlechtsreife beim Rüden ist neben seiner Größe auch von seinem sozialen Umfeld abhängig. Lebt er beispielsweise mit recht dominanten erwachsenen Hunden zusammen, kann sich seine "psychologische" Geschlechtsreife verspätet einstellen.

Paarungsakt

Der Paarungsakt bei Hunden dauert zwischen 5 und 30 Minuten. Hierbei entfällt die meiste Zeit auf das sogenannte "Hängen", also die Zeit, in der der Rüde zwar schon von der Hündin abgestiegen, aber noch durch seinen Penis mit ihr verbunden ist. In dieser Zeit darf man die Tiere nicht trennen! Denn das würde zu schlimmen Verletzungen im Scheidenbereich der Hündin führen. Der Penis des Rüden hat einen ballonförmigen Schwellkörper, der eine vorzeitige Trennung unmöglich macht. Auch für den Fall also, dass es sich um eine unerwünschte Paarung handelt, bleibt einem nichts als abzuwarten und dann in Ruhe mit dem Tierarzt zu beraten, wie es weitergehen soll.

Kastration

Nachwuchs bei Hunden kann durch Kastration verhindert werden. Dieser Eingriff ist irreversibel. Eine Kastration kann man bei beiden Geschlechtern entweder bereits vor Einsetzen der Geschlechtsreife oder zu einem späteren Zeitpunkt durchführen. Untersuchungen belegen, dass die Kastration von Hündinnen vor ihrer ersten Läufigkeit das Risiko späterer Gesäugetumoren erheblich verringert, weil ihre Entstehung durch das weibliche Hormon Östrogen begünstigt wird. Bei Rüden gibt es aus medizinischer Sicht keinen bevorzugten Zeitpunkt für die Kastration; sie kann in jedem Alter durchgeführt werden.

> Es ist ein Irrglaube, kastrierte Tiere würden zwangsläufig dick werden. Richtig ist, dass sie das Futter anders verwerten und leichter Gewicht zulegen. Dem kann man aber entgegenwirken, indem man die Fütterung an die neuen Verhältnisse anpasst.

Dass kastrierte Tiere zwangsläufig träger würden, stimmt nicht unbedingt. In dieser Hinsicht sind zumindest keine auffälligen Verhaltensänderungen zu erwarten. Richtig ist, dass Rüden einen Teil der Reaktionsbereitschaft einbüßen, die auch vom männlichen Geschlechtshormon abhängig ist. Dies hat allerdings einen positiven Nebeneffekt: Es senkt die Aggressionsbereitschaft anderer Rüden gegenüber. Hündinnen allerdings, bei denen schon vor der Kastration eine aggressive Tendenz festzustellen ist, sollte man nicht kastrieren, um den Einfluss der „sanftmachenden" weiblichen Geschlechtshormone nicht zu unterbinden.

Immer wieder hört man, dass Hündinnen einmal geworfen haben sollten, bevor man sie kastriert. Aus medizinischer Sicht gibt es hierzu keinen Anlass. Die Welpenaufzucht beeinflusst den Charakter der Hündin nicht nachhaltig. Ganz im Gegenteil, sie hat in dieser Zeit viel Stress, und die "Mutterfreuden" sind spätestens mit Abgabe der Welpen verflogen.

Nebenwirkungen einer Kastration sind statistisch gesehen eher selten. Sie sollten aber nicht verschwiegen werden. Es können Fellveränderungen (einige Rassen neigen mehr dazu) und bei Hündinnen auch Inkontinenz (sie kann den Harn nicht mehr in gewohnter Weise halten) vorkommen.

19

Neben der Kastration gibt es eine Reihe weiterer Möglichkeiten, mit Medikamenten in den Haushalt der Geschlechtshormone einzugreifen. Die Präparate haben allerdings diverse, teils gravierende Nebenwirkungen. Deshalb ist dringend davon abzuraten, bei Hündinnen auf hormoneller Basis die Läufigkeit zu unterdrücken oder abzubrechen. Diesem Risiko sollte man seine Hündin nicht aussetzen. Auch eine Trächtigkeit abzubrechen, birgt für die Hündin große Gefahren und sollte deshalb nicht in Betracht gezogen werden. Wenn man keine Welpen haben will und sich nicht für die irreversible Kastration entscheidet, ist die einzig wirklich hundegerechte Lösung, gut aufzupassen, während die Hündin läufig ist.

Bei Rüden steht einem ebenfalls eine „chemische Kastration" als Möglichkeit offen. Auch dies sollte keine längerfristige Behandlung sein.

TIPP Es ist empfehlenswert, eine „ganz private Form der Krankenversicherung" abzuschließen, indem man ein Konto eröffnet, das für die Tierarztkosten reserviert ist. Bei Einzahlung von 30,- bis 50,- DM monatlich wird man es vermutlich schaffen, damit die Rechnungen zu bezahlen, die für Impfungen, Wurmkuren, Medikamente und andere dringende Behandlungen, wie vielleicht eine Operation, anfallen werden.

Versicherungen

Unabhängig davon, unter welchen Umständen der Hund gehalten wird und wie er später leben soll, es ist immer zu empfehlen, eine gute Haftpflichtversicherung für Tierhalter abzuschließen. Der Halter haftet für alle Schäden, die durch seinen Hund entstanden sind. Dies gilt auch, wenn er der Aufsichts- oder Sorgfaltspflicht nachgekommen ist, weil gegen Hundehalter die sogenannte Gefährdungshaftung geltend gemacht werden kann.

Auch über eine andere Versicherung kann nachgedacht werden – und zwar die Tierkrankenversicherung. Leider übernehmen in Deutschland diese Kassen eine ganze Reihe von gängigen Kosten nicht, so dass man genau abwägen sollte, ob man überhaupt in eine Tierkrankenversicherung einzahlen sollte.

Reisen mit dem Hund

Wenn Sie mit Ihrem Hund später einmal ins Ausland reisen wollen, sollten Sie wissen, dass je nach Urlaubsziel dort andere Impf- und auch Einreisebestimmungen gelten als in Deutschland. Informationen über die genauen Regelungen für Ihr jeweiliges Urlaubsziel können Sie beim ADAC, bei Botschaften und Konsulaten oder im Internet unter http://www.tiermedizin.de (Aktuelles, Meldungen, Hunde) erhalten.

Bei Reisen ins Ausland sollte man sich neben den jeweiligen Impfbestimmungen auch um ein paar andere wichtige Dinge kümmern. Zum Beispiel sollte man vorher genau erfragen, ob im Urlaubsland Hunde in öffentlichen Verkehrsmitteln befördert werden und ob es erlaubt ist, die Tiere in Restaurants, Hotels, Parks, an den Strand und so weiter mitzunehmen. Weiterhin ist es wichtig zu wissen, ob es dort möglich ist, das gewohnte Hundefutter zu kaufen, ob Maulkorbpflicht, Leinenzwang oder eine andere Einschränkung besteht.

Möchte man mit dem Hund eine Flugreise unternehmen, sollte man ihn rechtzeitig, also einige Wochen vorher, daran gewöhnen, in dem Transportbehältnis zu schlafen, sonst wird die ohnehin stressige Reise für das Tier zur Tortur. Ganz kleine Hunde darf man in einer entsprechenden Box mit in die Kabine nehmen, größere müssen im Frachtraum reisen.

Wenn Sie sich entscheiden, den Hund zu Hause zu lassen während Sie verreisen, sollten Sie sich rechtzeitig um eine entsprechende Pflege oder Unterkunft kümmern. Besonders in den Schulferien sind die Plätze rar.

Wenn es gar nicht anders geht und Sie den Hund für eine bestimmte Zeit alleine lassen müssen, sollten Sie auf folgende Dinge achten: Laut Statistik neigt ein vergleichsweise großer Teil der Hunde, die während des ersten halben Lebensjahres plötzlich aus ihrem Umfeld genommen worden sind, weitervermittelt wurden oder schwer erkrankt waren und deshalb intensiv gepflegt wurden, später zu Trennungsangst. Die Hunde bekommen dann Panik beim Alleinebleiben, sie jaulen, zerstören Dinge oder verlieren die Stubenreinheit. Um dies möglichst zu vermeiden, hilft es, wenn Sie für die Zeit der Unterbringung an einem anderen Ort Menschen finden, deren Lebensumstände den Ihren möglichst ähnlich sind. Derjenige, der die Pflege übernimmt, sollte mit dem Hund schon vorher gut bekannt sein und genau über Art und Weise der Übungen, Spaziergänge und Verbote Bescheid wissen. Die Unterbringung in Tierpensionen eignet sich zumindest für junge Hunde nicht so gut, weil die Tiere nicht dasselbe Maß an Zuwendung und Bindung erfahren wie zu Hause und sie dadurch nachhaltige Auffälligkeiten im Verhalten entwickeln können.

> Während der ersten 16 Lebenswochen sollten Sie den Welpen auf keinen Fall in Pflege geben, denn das ist die wichtigste Phase im Leben des jungen Hundes. Aber auch das gesamte erste halbe Jahr ist eine wichtige und somit auch kritische Zeit für den Hund.

21

Was Sie über die Gesundheit wissen sollten

Auch wenn Sie einen gesunden und kräftigen Welpen zu sich genommen haben oder dies bald tun, sollten Sie ihn von Anfang an von einem Tierarzt medizinisch betreuen lassen. Ihr Tierarzt wird Ihnen auch in Ernährungsfragen behilflich sein und Ihnen vielleicht auch eine gute und moderne Hundeschule nennen können. Informieren Sie sich ruhig auch schon prophylaktisch, wie die Notdienstregelung in Ihrer Gegend aussieht und lassen Sie diesen Punkt auch bei Urlaubsreisen nicht außer Acht.

Impfungen

Es gibt viele durch Viren oder Bakterien verursachte Erkrankungen, die das Leben eines Hundes, besonders das eines Welpen, in Gefahr bringen können. Deshalb sollte man das Tier unbedingt impfen lassen. So erhält der Hund den besten Schutz gegen diese Infektionen.

Wenn die Mutterhündin regelmäßig geimpft wurde, besitzt sie so genannte Antikörper. Diese verhindern bei Kontakt des Tieres mit den jeweiligen Erregern über verschiedene immunologische Mechanismen, dass die Krankheit ausbricht. Bereits über die Plazenta, aber auch über die Muttermilch wird ein Teil dieser Antikörper an die Welpen weitergegeben. Für eine gewisse Zeit also sind die Welpen geschützt. Die mütterlichen Antikörper haben eine begrenzte Lebensdauer, so dass die Welpen ab einem bestimmten Zeitpunkt (je nach Erreger unterschiedlich) den Viren und Bakterien schutzlos ausgesetzt sind. Das Gleiche gilt natürlich besonders für Welpen, deren Mutter nicht geimpft war.

In Bezug auf die Sozialisationsphase, die der Welpe ausgerechnet in dieser Zeit der höchsten Infektionsanfälligkeit durchläuft, empfehlen nahezu alle Verhaltensexperten, den Welpen trotz des erhöhten Infektionsrisikos nicht zu isolieren und ihn weiterhin seine Umwelt – ruhig auch in einer Welpengruppe – erleben und erkunden zu lassen. Einige Vorsichtsmaßnahmen sollten aber dennoch getroffen werden. Zum Beispiel sollte der Gruppenleiter einer Welpenspielgruppe darauf achten, dass alle Welpen mindestens die erste Impfung bereits erhalten haben und

dass sie einen gesunden Eindruck machen. Die Teilnehmer der Gruppe sollten deutlich darauf hingewiesen werden, dass ein Welpe nicht mit in die Gruppe gebracht werden darf, wenn es ihm einmal nicht so gut geht, er Fieber, Durchfall, Erbrechen, Husten oder Nasenausfluss hat. Diese Vorsichtsmaßnahme ist unerlässlich, weil sich bei mangelndem Impfschutz – ähnlich wie im Kindergarten oder in der Schule – eine Infektionskrankheit in einer Hundegruppe rasant schnell ausbreiten kann.

Gegen folgende Krankheiten gibt es Impfstoffe
• Tollwut
• Leptospirose
• Parvovirose
• Hepatitis
• Staupe
• Zwingerhusten
• Borreliose

Am besten sprechen Sie mit Ihrem Tierarzt einmal ausführlich über dieses Thema und lassen sich von ihm ein Impfschema für Ihren Hund erstellen, das den jeweiligen Gegebenheiten, wie dem Impfstatus der Mutter, dem Infektionsdruck in der Umgebung, Kontakt zu erkrankten Tieren oder Auslandsreisen angepasst ist.

Nach einer Impfung kann es zu einem leichten Fieberschub kommen, da der Körper auf die vorgetäuschte Infektion reagiert. Der Welpe sollte nach der Impfung einen Tag lang geschont werden und an diesem Tag auch nicht die Welpenspielgruppe besuchen.

Durchfall und Erbrechen

Durchfall und Erbrechen sind häufige Krankheitssymptome beim Hund und können sowohl harmlose Ursachen haben als auch Ausdruck einer schweren Erkrankung sein. Durchfall kann durch Viren, Bakterien, Parasiten oder nur durch eine Futterunverträglichkeit oder eine zu rasche Futterumstellung verursacht worden sein. Der Tierarzt kann abklären, ob der Durchfall harmlos ist oder ob der Hund behandelt werden muss.

Denken Sie daran, dass der Flüssigkeitsverlust, der bei Durchfall und Erbrechen entsteht, besonders bei einem Welpen lebensbedrohlich sein kann. Wenn also der Hund kein Wasser aufnimmt oder es nicht bei sich behalten kann, wenn er nicht frisst und weiterhin erbricht oder der Durchfall nicht aufhört, dann ist der Tierarztbesuch unumgänglich. Gegebenenfalls wird der Hund an den Tropf gelegt, um den Flüssigkeitsverlust auszugleichen.

Wenn Sie das Futter des Hundes umstellen möchten, sollten Sie immer in kleinen Schritten vorgehen, um Durchfall zu vermeiden. Das neue Futter wird zunächst in einem geringen Anteil in das herkömmliche Futter gemischt. Über mehrere Tage hinweg sollte man dann den Anteil des neuen Futters langsam steigern, bis schließlich nur noch das neue Futter gefüttert wird. So sollten Sie auch verfahren, wenn Sie die Fütterung von einer Welpen- auf eine Junghundenahrung umstellen.

Ist der Grund für den Durchfall des Hundes harmlos (weil er zum Beispiel ein Pfund Butter vom Tisch geklaut hat), können Sie ohne Bedenken nach folgendem Diätplan vorgehen:

Diätvorschlag

- 12-24 Stunden → hungern lassen
- 48 Stunden → Reisschleim oder Haferschleim in vielen kleinen Portionen
- 1 Woche lang → wiederum in viele kleine Portionen aufgeteilt gekochten, ungewürzten Reis, Kartoffelpüree oder gekochte Nudeln mit ungewürztem Hühnerfleisch (ohne Knochen !!!) oder gekochtem Rinderherz mischen.
- Ab dem 3. Tag kann dann Hüttenkäse und/oder ein hart gekochtes Ei beigemischt werden.
- Ab dem 7. Tag langsam das gewohnte Futter untermischen und Schritt für Schritt wieder ganz dazu übergehen.
- Getränke → Wasser, Tee oder Elektrolytlösungen
- Verboten → rohe Eier, Milch, gewürzte Speisen, Obst, Tischabfälle, Aufschnitt, Knochen

Hausapotheke

Legen Sie sich eine kleine Hausapotheke an, um im Notfall erste Hilfe leisten zu können. Lassen Sie Ihren Tierarzt unbedingt einen Blick darauf werfen, damit er Sie bei der Medikamentenauswahl beraten kann, damit nichts fehlt und alle Sachen wirklich „hundetauglich" sind.

Einige Tierärzte bieten von Zeit zu Zeit Erste-Hilfe-Kurse an, in denen man die wichtigsten Notfallmaßnahmen für Tiere erlernen kann. Fragen Sie Ihren Tierarzt nach einem solchen Angebot.

Hausapotheke für den Hund

- Gaze oder andere spezielle Wundauflagen
- mehrere Mullbinden und elastische Binden in verschiedenen Breiten
- synthetische Watte zum Polstern
- Verbandsschere
- eine Rolle Leukoplast
- Fieberthermometer aus Plastik
- Zeckenzange
- eine kleine, aber kräftige Taschenlampe

Außerdem – nach Absprache mit dem Tierarzt:
- ein Wunddesinfektionsmittel oder Wundpuder
- Reinigungsmittel für die Ohren
- ggf. Augentropfen
- Elektrolyte zum Einmischen ins Trinkwasser
- 5- und 10-ml-Spritzen
- ein leichter Plastikmaulkorb
- ein Halskragen in der richtigen Größe
- ein wasserundurchlässiger Hundeschuh, der über einem Verband getragen werden kann

Magendrehung

Als einzige Krankheit soll hier die Magendrehung kurz näher beschrieben werden. Sie ist lebensbedrohend, und es muss sofort gehandelt werden. Die Magendrehung ist eine akute Erkrankung, die wesentlich öfter bei Hunden großer Rassen auftritt, aber auch bei kleinen Hunden auftreten kann.

! Nur wenn der Hund sofort operiert wird, ist sein Leben zu retten. Bei Verdacht auf Magendrehung also so schnell wie möglich zum Tierarzt!

Es kann zur Magendrehung kommen, wenn der Hund direkt nach einer reichlichen Mahlzeit viel Bewegung hatte, gesprungen ist oder wild gespielt hat. Der Magen dreht sich um die eigene Achse und dabei werden lebensnotwendige Gefäße abgeschnürt. Ohne Behandlung führt dies innerhalb weniger Stunden zum Tod des Tieres.

Die Symptome sind vor allem große Unruhe und Schmerzen. Der Hund würgt, geifert und versucht erfolglos zu erbrechen. Auffällig ist der aufgeblähte Bauch und eine zunehmende Atemnot. Nach und nach kommt es zu Kreislaufschwäche, raschem, schwachem Puls, blassen Schleimhäuten, Taumeln und Zusammenbruch.

Besonders bei großen Hunden sollte darauf geachtet werden, dass sie nicht unmittelbar vor einem ausgedehnten Spaziergang oder vor dem Spielen Futter bekommen, um das Risiko einer Magendrehung so gering wie möglich zu halten.

■ Entfernen Sie die Grannen sofort, wenn sich eine ins Fell oder in die Haut gepiekst hat.

Grannen

Grannen von Getreide und anderen Gräsern bleiben, je nachdem, wo man mit dem Hund spazieren geht, leicht im Fell des Hundes hängen und pieksen sich dann mit der spitzen Seite in die Haut. Durch die Bewegungen des Hundes kann es passieren, dass die Grannen weiter unter die Haut geraten und auch unter der Haut weiterwandern. Dies kann zu schlimmen Entzündungen führen und die Grannen müssen dann operativ entfernt werden. Besonders an und in den Ohren und in den Zehenzwischenräumen verfangen sich Grannen gerne; deshalb sollte man im Sommer, wenn die Gräser trocken werden, diese Stellen beim Hund besonders häufig kontrollieren und die Übeltäter rechtzeitig entfernen.

Parasitäre Plagegeister und was man dagegen machen kann

Parasit	Allgemeines	Infektionsweg	Symptome	Besonderheiten	Prophylaxe/Behandlung
Flöhe	In Möbeln, Teppichen, Decken etc. Nur zur Blutaufnahme auf dem Hund. Nur erwachsene Flöhe saugen Blut. Die Larven leben in der Umgebung.	Von anderen Tieren oder aus verflohter Umgebung.	Juckreiz und typisches Flohknabbern. Flohallergien sind häufig und potenzieren den Juckreiz.	Beim "Knacken" der Flöhe kann sich der Hund mit Bandwürmern infizieren.	Fragen Sie Ihren Tierarzt. Wichtig ist, die Umgebung mit zu sanieren.
Zecken	Zecken sind nur zur Blutaufnahme auf dem Hund.	Sie lassen sich von Gräsern, Sträuchern etc. auf ihr Opfer fallen.	Zeckenbisse führen häufig zu Entzündungen. Starker Juckreiz.	Zecken können Krankheiten (z.B. Frühsommer-Meningoenzephalitis "FSME" und Borreliose) übertragen. Auch den Menschen können sie infizieren.	Fragen Sie Ihren Tierarzt. Zecken sollten umgehend durch Drehen (ohne zu ziehen) entfernt werden.
Milben	Milben leben in oder auf der Haut und ernähren sich von Blut oder Hautzellen.	Durch direkten Kontakt oder aber auch durch die Umgebung z.B. über das Gras oder ein kontaminiertes Halsband.	Juckreiz, ggf. Haarausfall. Allergien gegen Milben sind häufig und potenzieren den Juckreiz.	Immungeschwächte Tiere sind besonders betroffen. Jahreszeitliche Häufung bestimmter Milbenarten.	Fragen Sie Ihren Tierarzt.
Läuse und Haarlinge	Läuse und Haarlinge sitzen an den Haaren.	Von Tier zu Tier oder aus der Umgebung.	Juckreiz		Scheren und Waschlösungen vom Tierarzt.
Würmer	Hunde können sich mit über 30 Arten von Würmern infizieren. Betroffene Organe sind: der Darm, das Blutgefäßsystem, die Blase, die Lunge, die Leber etc.	Infektion erfolgt je nach Wurmart durch Eier, Larven, einen Wurm selbst oder aber durch die Aufnahme von Zwischenwirten (z.B. Mäuse).	Durchfall, Leistungsabfall und Schwäche, je nach betroffenem Organsystem weitere Symptome.	Von den über 30 Wurmarten, die für Hunde infektiös sind, stellen 6 auch für den Menschen eine Gefahr dar.	Regelmäßige Entwurmung mit Präparaten vom Tierarzt. Bei Welpen alle 2 Wochen, später 3- bis 4-mal jährlich.

Dies sind die in unseren Breiten am häufigsten vorkommenden Parasiten. Natürlich gibt es noch eine Reihe weiterer, mit denen sich ein Hund infizieren kann. Wenn Ihr Hund nach einer Auslandsreise erkrankt, sollten Sie dies beim Tierarzt unbedingt erwähnen, damit dieser abklären kann, ob sich Ihr Welpe auf der Reise mit einer in Deutschland nicht auftretenden Krankheit angesteckt hat.

Was Sie über die Erziehung wissen sollten

Rechte Seite:
Für einen Welpen ist
vieles neu.

Einige grundlegende Dinge über das Lernen sollten Sie wissen oder sich in Erinnerung rufen, um mit Ihrem neuen Welpen den leichtesten und vor allem auch einen modernen Weg der Erziehung einzuschlagen.

Neugier und Angst

Neugier steuert ab der 3. Lebenswoche die Aktivitäten des Welpen. In dieser Zeit kennen Hunde noch keine Angst. Etwa ab der 5. Lebenswoche zeigen sie erstmals Angstreaktionen. Um die 8. Woche herum werden die Welpen immer vorsichtiger. Die Stimmungen Angst und Neugier werden zu echten Gegenspielern. Sie bestimmen zu einem großen Teil das Leben des Welpen. Während er aus Neugier ein bestimmtes Objekt begutachten will, kann die Angst ihn davon abhalten.

Als neuer Hundebesitzer muss man respektieren, dass dem kleinen Welpen verschiedene neue Dinge zunächst unheimlich vorkommen.

Bemühen Sie sich, wenn Ihr Hund vor etwas Angst hat, besonders selbstsicher aufzutreten. Nehmen Sie sich Zeit. Reden Sie nicht beschwichtigend auf ihn ein, sondern lassen sie ihn von sich aus mutiger werden und die Situation oder das Objekt aus eigenem Antrieb begutachten. Je neutraler Sie selbst in einer Situation auftreten, die den Hund ängstigt, desto schneller wird er sich beruhigen und dann auch mutiger an die Sache herangehen. Achten Sie darauf, dass er dabei einen möglichst positiven Eindruck bekommt. Dann wird er auch bei ähnlichen Begebenheiten später zwar immer noch vorsichtig sein, sich aber die Sache doch eher einmal anschauen wollen.

> **Ein Fehler, vor dem Sie sich hüten sollten:**
> Jeder Versuch, einen ängstlichen Hund zu trösten oder zu beruhigen, führt zur Verschlimmerung seiner Angst (s. Seite 31).

Motivation

Da die einzelnen Hundecharaktere so verschieden sind und es auch für alle Übungen in der Hundeerziehung immer mindestens zwei verschiedene Möglichkeiten gibt, dem Hund etwas zu vermitteln, kann

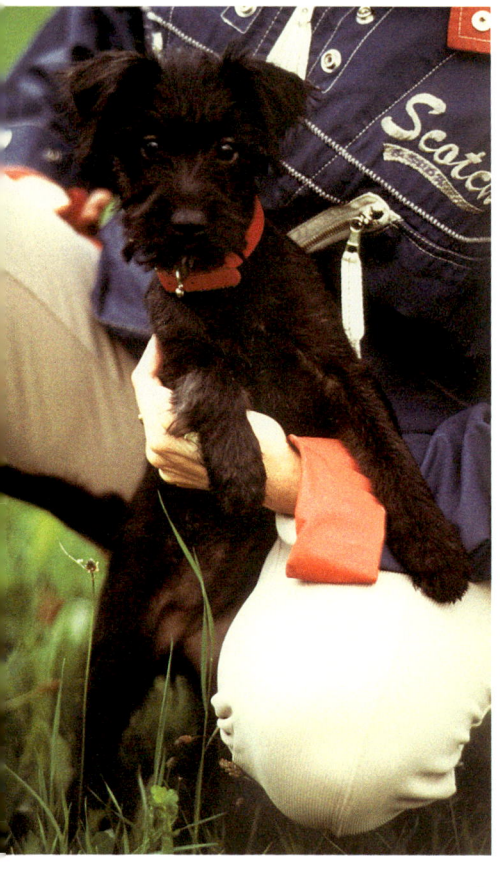

keine Methode wirklich als Patentrezept bezeichnet werden.

Dennoch gibt es tatsächlich etwas, mit dem man in der Hunderziehung alles erreichen kann – mit **Motivation**. Genau wie Menschen tun Hunde nichts „einfach so". Sie brauchen einen Anreiz und werden umso eher geneigt sein, ein bestimmtes Verhalten zu zeigen, je größer dieser Anreiz/die Motivation ist. In der Hundeerziehung ist man dann erfolgreich, wenn man den Hund immer in der entsprechenden Weise motivieren kann, das gewünschte Verhalten zu zeigen.

Hunde zu motivieren gelingt besonders leicht über Futter, zumindest wenn keine Ablenkung vorhanden ist und der Hund sich nicht gerade satt gefressen hat. Auch durch ein Spiel oder durch den Zugang zu einem Spielzeug, durch verbales Lob und durch Streicheleinheiten kann man Hunde sehr gut motivieren, etwas Bestimmtes zu tun. Ein weiterer Motivationstrick ist, sich schnell vom Hund zu entfernen, denn das verleitet ihn zum Nachlaufen. Auch fremde, aber lustige und nicht bedrohlich wirkende Bewegungen wirken motivierend auf Hunde. Es kann also gelegentlich helfen, den Hund zu locken, indem man sich auf den Schenkel klopft, in die Hocke geht oder sich sogar auf den Boden legt (vgl. Seite 78, Übung HIER).

Diese kleine Hündin betrachtet neugierig und aufmerksam die Kamera und den Fotografen.

Lob und Strafe

Neben der Motivation sind Lob und Strafe weitere wichtige Bausteine in der Hundeerziehung. Wenn man dabei einige Regeln beachtet und Lob und Strafe sinnvoll einsetzt, steht der erfolgreichen Hundeerziehung nichts mehr im Wege.

Belohnungen werden eingesetzt, um den Hund zu motivieren und um eine bestimmte Verhaltensweise zu bekräftigen. Handlungsweisen, die belohnt wurden, werden vom Hund häufiger gezeigt.

Belohnungen für den Hund sind: Futterhappen, Spielzeug oder ein kurzes Spiel, Streicheln, lobende Worte oder verstärkte Aufmerksamkeit.

Auch das Wegfallen einer Strafe und damit

So funktioniert Lob am besten

1 Vor allem in der Anlernphase sollte man mit einer Belohnung arbeiten, die den Hund hoch motiviert (ihn aber gleichzeitig konzentrationsfähig hält).

2 Eine Belohnung muss während oder bis höchstens eine Sekunde nach der gewünschten Handlung erfolgen, sonst kann der Hund keine Verknüpfung herstellen und bezieht das Lob auf eine nachfolgende Handlung.

3 In der Anlernphase sollte man immer loben, wenn der Hund das gewünschte Verhalten zeigt! Später gilt es das Lob auszudünnen. So bleibt der Hund aufmerksam, die Übung spannend und der Hund hat etwas, auf das er hinarbeiten kann.

4 Hunde interpretieren auch schmeichelnde Worte und Beruhigungsversuche als Lob! Wenn der Hund ängstlich reagiert, verstärkt man seine Ängstlichkeit, wenn man versucht, ihn zu beruhigen. Bedenken Sie, dass sich Hunde untereinander auch nicht beruhigen. Diese Verhaltensweise ist Hunden fremd und zieht deshalb leicht Probleme nach sich.

Bedingungen, damit Strafe optimal wirkt

1 Auch hier gilt wieder: Nur in einem zeitlichen Abstand von etwa einer Sekunde können Hunde die Strafe sicher mit ihrer Handlung verknüpfen.

2 Strafen sind nur sinnvoll, wenn man das betreffende Verhalten immer bestraft! Sonst erreicht man dasselbe wie beim unregelmäßigen Belohnen, nämlich dass es für den Hund spannend bleibt, das Verhalten zu zeigen, weil er nie genau weiß, ob er nicht doch Glück hat und der Strafe entgeht.

3 Eine Strafe muss wirkungsvoll genug sein, die Handlung sofort zu unterbrechen. Strafen, die man ständig wiederholen muss, sind nicht wirkungsvoll!

4 Beim Einsatz von Strafe ist die Gefahr der Fehlverknüpfung groß. Angstverhalten und Frustration, gelegentlich auch Aggression sind die negativen Konsequenzen, wenn Strafe falsch eingesetzt wird.

einer unangenehmen Erfahrung stellt eine Belohnung in sich selbst dar.

Auch beim Einsatz von **Strafe** gibt es einige wichtige Punkte zu berücksichtigen. Man kann auf verschiedene Weise strafend auf den Hund einwirken:

31

> ! Einen wichtigen Punkt sollten Sie aber immer im Auge behalten: Mit Strafe kann man zwar eine unerwünschte Handlung unterdrücken, der Hund lernt dabei aber nicht, sich besser zu verhalten. Im Sinne der Erziehung, bei der man dem Hund ja ganz bestimmte Verhaltensweisen antrainieren möchte, sind deshalb immer auf Belohnung basierende Methoden besser geeignet.

• direkt (in Form von verbaler Schelte, körperlicher Gewalt oder einer Einschüchterungstaktik) oder

• indirekt (durch Entzug von Aufmerksamkeit, Vorenthalten des Objekts der Begierde oder direkt situationsgebunden – zum Beispiel durch das Stellen von Fallen).

Bei Betrachtung dieser Regeln wird klar, dass es vorteilhafter ist, indirekte Strafen bzw. das Ignorieren als Methode einzusetzen, denn diese führen nicht zu den unter Punkt 4 aufgeführten negativen Konsequenzen.

Richtig eingesetzte Strafmaßnahmen sind durchaus effizient und hin und wieder können sie notwendig sein, damit der Hund gewisse Tabus einhält.

Generalisierung

Hunde lernen kontextspezifisch. Das bedeutet, sie verknüpfen in einer Übungssituation nicht nur das Signal und die Handlung mit dem Lob oder der Strafe, sondern speichern zunächst auch alle möglichen Dinge ihrer Umwelt ab – beispielsweise dass man auf Teppichboden steht, dass man eine enge schwarze Hose an hat oder dass die Sonne durchs Fenster scheint. Wenn man mit dem Welpen in möglichst vielen verschiedenen Situationen denselben Befehl übt, erreicht man durch häufige Wiederholungen, dass der Hund auf „Nebensächlichkeiten" der Umgebung immer weniger achtet. Es kristallisiert sich für ihn heraus, dass nur das Signal, seine Handlung und das Lob eine Rolle spielen. Hat man dies erreicht, spricht man davon, dass der Hund den Befehl generalisiert hat. Ein generalisierter Befehl ist in jeder Umgebung abrufbar, ein noch nicht generalisierter Befehl nicht. Es ist also nicht etwa Aufmüpfigkeit oder Ähnliches, wenn der Welpe zum Beispiel drinnen schon zuverlässig SITZ macht, draußen aber nicht. Um schließlich eine Generalisierung zu erreichen, muss man in solchen Fällen draußen die Übung von Anfang an aufbauen und mit dem Hund dort häufiger üben.

Für die Erziehung des Hundes bedeutet das, dass man, um die Generalisierung zu erreichen, eine Übung drinnen und draußen, zu verschiedenen Tageszeiten, auf unterschiedlichen Bodenbeschaffenheiten und nach und nach mit immer mehr Ablenkungen wiederholen muss. Ebenso wichtig dabei ist, dass sich an den Übungen alle Familienmitglieder beteiligen, denn sonst gehorcht der Hund später nur der Person zuverlässig, die häufig mit ihm geübt hat.

Hilfsmittel für die Hundeerziehung

Es gibt eine ganze Reihe von Hilfsmitteln in der Hundeerziehung. In der folgenden Übersicht wird jeweils kurz auf die Vor- oder Nachteile des jeweiligen Hilfsmittels eingegangen.

1 Leinen und Halsbänder:

Leine	Preis und Qualitätsunterschiede, je nach Material
Halsband/Geschirre	Halsung sollte möglichst breit sein; Blinkhalsbänder bei Dunkelheit hilfreich
Autogeschirre	auf TÜV-Prüfung achten!
Endloswürger/Stachelhalsband	aus tierschutzrechtlichen Gründen abzulehnen
Gentle Walk, Easy Walk, Lupi	Wirkung über Druck auf Nerven, deshalb aus tierschutzrechtlichen Gründen abzulehnen
Halfter (Halti, Gentle Leader)	schmerzfrei und „hundelogisch"

2 Sekundäre Verstärker und Signalgeber:

Clicker	als positiver sekundärer Verstärker einsetzbar, muss zunächst über Futter oder Spiel konditioniert werden
Fisher-Discs	müssen ebenfalls zunächst konditioniert werden, dienen dann als negativer Verstärker
Pfeifen	als Rückrufsignal geeignet, da sie nie Emotionen widerspiegeln, diverse Materialien und Töne
Klapperbüchse/ Wasserpistole	als indirekte Strafe einsetzbar

3 Spielzeug:

Ball	darf nicht verschluckt werden können, auf hundetaugliches Material achten
Kong	kann mit Futter gefüllt werden, gibt es auch fürs Wasser, mit oder ohne Kordel erhältlich
Tunnel	gut geeignet für Übungen, als Stofftunnel etwas für „Fortgeschrittene"
Ziehtau	sehr beliebt, besonders im Zahnwechsel
Frisbee	macht einigen Hunden großen Spaß
Quietschetiere	gehen leicht kaputt, sollten aus Latex sein
Vollgummifiguren	gut für die Zähne, einige schwimmen im Wasser
Hanteln	für Apport-Übungen und -spiele, auch im Wasser
Stöcke	fast immer greifbar, aber: können zu Zahnschäden führen, Achtung: Verletzungsgefahr!!!
Strümpfe	Ziehen, Schütteln, Apport, können gefüllt werden
Kartons	zum Kaputtbeißen, Spielen
Steine	überhaupt nicht geeignet!!!, zerstören den Zahnschmelz und können verschluckt werden

Die erste Zeit im neuen Zuhause

Natürlich wird Ihr neuer Welpe in der ersten Zeit Ihr Leben ganz schön auf den Kopf stellen. Bedenken Sie aber bei all der Freude über Ihren neuen Begleiter, dass auch für den Welpen nun ein ganz neuer Abschnitt begonnen hat. Lassen Sie ihm ein wenig Ruhe zum Eingewöhnen. Schon nach kurzer Zeit werden Sie beide sich mit der neuen Situation zurechtfinden. Wenn Freunde und Bekannte auch ganz gespannt auf Ihren Welpen sind, steht gemeinsamen Unternehmungen im Prinzip nichts im Weg. Überfordern Sie Ihren Welpen aber nicht. Der Ansturm von vielen fremden Menschen kann ihn ängstigen. Gestalten Sie neue Kontakte so, dass er aus freien Stücken auf die Leute zugehen kann und nicht von ihnen bedrängt wird.

Name

Natürlich kann ein Welpe zunächst einmal mit seinem Namen noch nicht viel anfangen. Deshalb muss man ihn daran gewöhnen. Er soll in Zukunft mit seinem Namen verknüpfen, dass er gemeint ist. Dies ist wichtig, wenn Sie ihn rufen oder zumindest seine Aufmerksamkeit erregen wollen.

Benutzen Sie den Namen Ihres Hundes möglichst oft am Tag, und zwar idealerweise in Momenten, die dem Hund etwas Positives verheißen: vor dem Füttern, vor oder im Spiel oder auch wenn Sie ihn streicheln. Benutzen Sie den Namen hingegen nicht, wenn Sie mit dem Hund schimpfen. So wird der Name für den Welpen zu etwas Angenehmem und Sie erreichen bald, dass Ihnen der Hund Aufmerksamkeit schenkt, wenn Sie seinen Namen sagen. Falls der Welpe schon vom Züchter einen Namen bekommen hat, Ihnen dieser aber nicht gefällt, können Sie Ihren Hund Schritt für Schritt an einen neuen Namen gewöhnen. Sagen Sie anfangs die beiden Namen hintereinander und belohnen Sie ihn, wenn er darauf reagiert. Nach ein paar Tagen lassen Sie dann immer öfter den alten Namen weg und gehen ganz zum neuen über.

Schlafplatz

Schaffen Sie für Ihren Welpen einen Schlafplatz in der Wohnung, wo er sich sicher fühlen und zurückziehen kann und gewöhnen Sie ihn von Anfang an daran. Viele Hunde lieben Schlafplätze, von denen aus sie alles beobachten können. Erhöhte und bequeme Plätze oder höhlenartige Schlafplätze wie unter dem Tisch stehen ebenfalls hoch im Kurs. Achten Sie darauf, dass sich der Welpe auf seinem Platz wohl fühlt. Richten Sie also einen hundefreundlichen, aber Ihren Vorstellungen entsprechenden Schlafplatz für den Vierbeiner ein. Welpen genießen es sehr, wenn sie sich ankuscheln können. Bis zu dem Moment, wenn sie vom Züchter abgegeben werden, haben sie ihre Wurfgeschwister und ihre Mutter um sich und sie schlafen in einem Pulk aneinander gekuschelt. Geben Sie Ihrem Welpen eine in ein Plüschtierchen oder ein flauschiges Handtusch eingepackte, nicht zu heiße Wärmflasche mit in seinen Korb, damit er sich rundum wohl fühlt und auch kuscheln kann, wenn Sie einmal keine Zeit für ihn haben.

> Lassen Sie sich nicht hinters Licht führen, wenn Ihr Welpe ausgerechnet Ihr Bett als liebsten Schlafplatz ausgewählt hat. Sie als Chef in der Mensch-Hund-Beziehung sind berechtigt, bestimmte Dinge für tabu zu erklären.

Stubenreinheit

Am leichtesten bekommt man den Welpen stubenrein, wenn der Züchter schon eine gewisse Vorarbeit geleistet hat. Besonders wenn er den Hunden die Möglichkeit geboten hat, sich draußen oder in einer extra dafür bereitgestellten Kiste mit Erde, Sand oder Laub zu versäubern, fällt das Training leicht. Schließlich entsprechen diese „Unterlagen" den Gegebenheiten, die der Welpe nun vorfindet und nutzen soll. Je nach Boden, den die Hunde für die Verrichtung ihrer Geschäfte beim Züchter kennen gelernt haben, entwickeln sie schon in dieser frühen Zeit eine echte Vorliebe dafür. Wenn also im Vorfeld nicht ideale Bedingungen geherrscht haben, sondern die Hunde in einer Zwingeranlage, auf Kacheln oder Teppichboden gehalten wurden und dort ihre Ausscheidungen abgesetzt haben, werden sie auch bei ihren neuen Besitzern zu Hause alles daran setzen, einen ähnlichen Ort zu finden. Schließlich entspricht es ihrer Logik, dass dieser Untergrund für die Versäuberung besonders geeignet ist (s. Seite 57 Umweltabenteuer 6: verschiedene Bodenbeschaffenheiten).

Welpen haben in der Regel immer nach dem Schlafen, dem Fressen und nach dem Spielen das Bedürfnis, sich zu erleichtern. Wenn man dies berücksichtigt und seinen Welpen immer dann schnell nach draußen bugsieren kann, wird es auch nicht lange dauern, bis er stubenrein ist. Sollte dennoch einmal ein Malheur passieren, sehen Sie bitte von antiquierten Erziehungsmethoden ab, wie etwa die Hundenase in das "Missgeschick" zu stoßen. Nutzen Sie lieber effizientere, artgerechte und moderne Methoden. Bedenken Sie, dass Hunde Lob und Strafe nur bis etwa eine Sekunde nach der ausgeführten Handlung mit dieser verknüpfen können. Dies sollte man auch dann unbedingt berücksichtigen, wenn man zugegebenermaßen wieder einmal recht ärgerlich über ein Häufchen auf dem Teppich ist. Nur wenn Sie den Hund während seiner Aktion erwischen, kann eine Strafe überhaupt sinnvoll sein. Ansonsten sollte man sich damit begnügen, die Hinterlassenschaft wortlos wegzuwischen.

Es empfiehlt sich, den Hund auf dem Weg nach draußen hochzunehmen, weil auf diese Weise seltener „ein Unglück" passiert, als wenn man den noch tapsigen Welpen alleine nach draußen schlendern lässt. Loben Sie Ihren Welpen draußen überschwänglich für jede erfolgreiche Versäuberung.

Eine besonders praktische Übung im Alltag ist, dem Hund beizubringen, sich auf einen bestimmten Befehl hin zu versäubern. Welpen lernen sehr leicht, die Verknüpfung herzustellen, wenn sie bereits einen Ort haben, an dem sie sich schon oft gelöst haben. Führen Sie den Hund zu einer Zeit, zu der er auch sonst sein Geschäft erledigt,

Wichtig ist, den „Versäuberungsbefehl" möglichst immer zu benutzen, wenn sich der Hund spontan anschickt sich zu lösen, denn sonst löscht sich mit der Zeit die unwillkürliche Reizkopplung wieder.

Welpen gewöhnen sich leicht an einen bestimmten Ort, den sie als Hundeklo benutzen.

37

Mit allen Geschwistern zusammen ist das Schlafen besonders schön.

an diesen Ort, der er schon kennt, und beobachten Sie ihn genau! Sagen Sie in dem Augenblick, in dem er sich anschickt sich zu lösen, immer den gleichen Befehl (z.B. MACH SCHNELL!) und loben Sie ihn leise, während er sich versäubert. Als zusätzliche Belohnung können Sie ihm auch ein kleines Leckerchen anbieten, wenn er fertig ist. Wenn Sie in dieser Weise eine Zeitlang verfahren, wird ab einem gewissen Moment das Lautzeichen beim Hund das Bedürfnis auslösen, sich versäubern zu wollen.

> **TIPP** Wenn Hunde spielen, sollen sie keine Leine, im Idealfall auch kein Halsband tragen. Sie bleiben sonst zu leicht hängen oder verknoten sich untereinander. Solche Zwischenfälle führen leicht zu einer Panikreaktion oder gar zu Verletzungen.

Bei den ersten Gängen an der Leine kann es sein, dass der Welpe streikt und lieber spielen will.

Halsband

Die meisten Welpen mögen am Anfang ihr Halsband gar nicht. Es stört sie, sie finden es ungewohnt und möchten es gerne wieder loswerden. Deshalb kratzen oder schütteln sie sich wie die Weltmeister, um das lästige Ding wieder abzubekommen. Auch hier kann man innerhalb kürzester Zeit eine Gewöhnung erreichen, wenn man schrittweise vorgeht. Legen Sie dem Welpen das Halsband in den ersten Tagen vor dem Fressen oder erst auf dem Spaziergang an, denn dann ist er so abgelenkt, dass er ganz vergisst, dass ihn eigentlich sein Halsband stört. Gestalten Sie die Momente, in denen er das Halsband tragen soll, abwechslungsreich und interessant, denn so wird das ungewohnte Tragen zur Nebensächlichkeit. Legen Sie dem Hund das Halsband zunächst nur für kurze Zeit an und dehnen Sie die Tragedauer nach und nach aus.

Anspringen

Es ist eine normale und besonders welpentypische Verhaltensweise, zur Begrüßung an Personen hochzuspringen. Dies ist ein Überbleibsel aus dem Wolfsverhalten, denn die Wolfswelpen springen an den Rudelmitgliedern hoch, die von der Jagd zurückkehren, stupsen ihnen an die Mundwinkel und verleiten sie so, Futter hervorzuwürgen. Für uns Menschen ist das Anspringen bei der Begrüßung vielleicht bei einem Welpen noch zu tolerieren und nicht selten sind wir ganz gerührt, weil er sich so freut. Je nach Größe des ausgewachsenen Hundes aber kann diese Angewohnheit zur Tortur werden. Im Gegensatz zu jungen Wölfen, die mit dem Heranwachsen diese Verhaltensweise immer seltener zeigen, behalten viele Junghunde die Eigenart bei. Das liegt daran, dass sich die meisten Menschen einem hochspringenden niedlichen Welpen zuwenden und ihn streicheln, knuddeln und mit ihm spielen: Das Hochspringen lohnt sich für den Welpen und wird somit fester Bestandteil seines Verhaltensrepertoires.

Das Anspringen ist also eine aus einem normalen welpentypischen Verhaltensmuster entstandene, aber dennoch durch Lernen gefestigte Verhaltensweise.

> Die effektivste Methode, dem Hund das Anspringen abzugewöhnen ist, ihn einfach mit Nichtbeachten zu strafen. Das Ignorieren fällt einem am leichtesten, wenn man die Arme verschränkt, nach oben schaut und nicht mit dem Hund redet. Wenn der Welpe nach einiger Zeit aufhört, an Ihnen hochzuspringen, können Sie sich hinhocken und ihn am Boden begrüßen, mit ihm spielen oder ihn liebkosen.

Wenn der Hund ausgewachsen ist und bis dahin für sein Anspringen immer (unabsichtlich) belohnt wurde, kann man ihm schwer klar machen, dass Springen plötzlich etwas Unerwünschtes ist. Bedenken Sie, dass auch Schelte (Schimpfen oder Wegstoßen) für ihn eine Form der Belohnung sein kann! Für Hunde steht die Aufmerksamkeit, die ihnen zuteil wird, im Vordergrund – auch negative.

Begrüßen Sie Ihren Welpen nur, wenn er alle vier Pfoten auf dem Boden hält. Sie brauchen keine Sorge zu haben, dass er diese Maßnahme grausam findet, ganz im Gegenteil, er wird sich schnell Ihren Regeln anpassen, schließlich gönnen Sie ihm ja weiterhin eine tolle Begrüßung – wenn alle vier Pfoten auf dem Boden bleiben!

Falls der Welpe die Angewohnheit hat, an fremden Personen hochzuspringen, hat man zunächst ziemlich schlechte Karten, denn auf die Entfernung hat man keine Kontrolle mehr über ihn. Da die fremden Menschen nicht wissen können, wie man selbst die Erziehung angesetzt hat, reagieren die meisten nicht im Sinne der Erziehungsmaßnahme, die wir für diesen Fall vorgesehen haben.

Die beste Möglichkeit, dem Welpen das Anspringen fremder Personen abzugewöhnen, ist deshalb, ihn rechtzeitig abzulenken, damit er nicht alleine zu Fremden hinstürzen kann. Günstig ist, ihn angeleint an Fremde heranzuführen. Dann können Sie ein Anspringen solange verhindern, bis Sie die fremde Person zum Beispiel gebeten haben sich

TIPP Achten Sie aber darauf, dass Ihr Welpe trotzdem auch mit Fremden Kontakte knüpfen kann.

hinzuhocken. Das kennt Ihr Hund ja schon von Ihnen und nimmt ihm den Anreiz zum Springen. Damit wird dann auch Ihre Übung nicht gestört. Sie werden sehen, dass die meisten Menschen für Ihre Bitte großes Verständnis haben und gerne bei der „Erziehung" mithelfen.

41

Nach dem Toben
hat der Welpe ein
großes Schlafbedürfnis.

Alleine bleiben

Alleine bleiben zu müssen ist etwas, was den wenigsten Hunden gefällt. Das ist leicht verständlich, wenn man sich überlegt, dass Hunde
soziale Rudeltiere sind, die von Natur aus in einer festen familiären
Struktur leben. Da man aber dem Hund kaum ein Leben ermöglichen
kann, bei dem er niemals alleine bleiben muss, ist es empfehlenswert,
ihn schon von den ersten Tagen an immer wieder
kurz alleine zu lassen. So kann er sich an gelegent-
liche Trennungen gewöhnen. Machen Sie sich klar,
dass der Unterschied zwischen dem Alleine- und
dem In-Gesellschaft-Sein für den Hund um so deut-
licher wird, je enger der Kontakt vor dem Verlas-
senwerden war. Mit anderen Worten: Umständliche
Verabschiedungsrituale mit Streicheln, Erklärungen
oder Begründungen, weshalb man weggeht, sind
überflüssig und machen dem Hund den Abschied
unnötig schwer. Hunde untereinander verabschie-

Auf Rudelmitglieder warten zu
müssen, ist für Welpen an sich nichts
Ungewöhnliches, denn auch in einem
Wolfsrudel müssen sie im Lager
zurückbleiben, wenn die erwachsenen
Tiere auf der Jagd sind. Allerdings
haben sie da ja noch die Wurfgeschwister und der soziale Kontakt ist
auf alle Fälle gesichert.

den sich nicht. Deshalb kann ein Hund diese Rituale nicht deuten und lernt nur, dass ein Abschied etwas Seltsames ist.

Üben Sie Trennungen täglich mehrmals in der Wohnung, indem Sie die Tür hinter sich schließen, wenn Sie aus dem Zimmer gehen. Nach kurzer Zeit können Sie wieder hereinkommen und den Hund belohnen, wenn er ruhig war. Schimpfen Sie nicht, wenn er gejault hat. Dann war die Trennung zu lang. Versuchen Sie unbedingt darauf zu achten, nicht ausgerechnet wieder hereinzukommen, wenn der Hund jault, sondern erst in einer „Winsel-Pause". Arbeiten Sie sich Schritt für Schritt an längere Trennungen heran, indem Sie Tag für Tag die Dauer der Trennung ein klein wenig ausdehnen.

> **TIPP**
>
> Achten Sie darauf, dass Sie stets auf einem Niveau arbeiten, das der Hund verkraftet. Bellen, Winseln, Jaulen oder besondere Unruhe sind Anzeichen dafür, dass Sie zu forsch vorgegangen sind.

Bedenken Sie außerdem, dass Hunde sich leichter an Abläufe gewöhnen, wenn diese täglich in ähnlicher Weise stattfinden. Das bedeutet für das Wochenende und ganz besonders auch für einen Urlaub, dass man den Hund täglich eine kurze Weile alleine lassen sollte, damit er nicht die Chance hat, sich daran zu gewöhnen, dass „seine Menschen" immer verfügbar sind. Wenn der Hund schon SITZ, PLATZ und BLEIB kennt, kann man das Alleinebleiben gut mit der BLEIB-Übung kombinieren (s. Seite 82).

Nachfolgebereitschaft

Genau wie Wolfswelpen wollen auch Hundewelpen nahe bei ihrer Gruppe bleiben. Natürlich sind auch andere Kontakte spannend, aber im Prinzip ist es nicht sonderlich schwer, einen Welpen davon zu überzeugen, dass es noch aufregender ist, mit "seinen" Menschen weiterzugehen.

Die Eigenart der Welpen, ihre Rudelmitglieder in der Hoffnung zu begrüßen, dass diese für sie Futter hervorwürgen, kann man hervorragend dazu nutzen, die Nachfolgebereitschaft zu festigen.

Bekommt Ihr Welpe immer wieder einmal ein Leckerchen von Ihnen zugesteckt, wenn er Ihnen folgt, bleibt dies für ihn spannend und lohnt sich. Hunde lernen sehr leicht nach dem Prinzip Versuch und Irrtum. Geschieht nichts oder nichts Positives, wenn er zu Ihnen kommt, wird er dies immer seltener tun. Setzen Sie Futterbelohnungen oder ein attraktives Spiel häufig, aber unregelmäßig ein, bleibt es für den Welpen interessant, immer wieder einmal zu Ihnen zu laufen, um zu gucken, ob er eine Belohnung ergattern kann. Selbstverständlich können Sie dies auch an einen speziellen Rückrufbefehl koppeln (s. Seite 78, Übung HIER).

43

Beim Rückruftraining sind Bewegungen und einladende Gesten sinnvoll, weil sie die Aufmerksamkeit des jungen Hundes auf sich ziehen.

Leinenführigkeit

Leinenführigkeit ist die Bezeichnung dafür, dass der Hund an der Leine geht ohne zu ziehen oder weit zurückzubleiben. Dies ist eine wichtige Übung, die Ihr Hund auch dann lernen sollte, wenn Sie vorhaben, ihn ohne Leine laufen zu lassen. Denn wer weiß, ob es nicht doch einmal eine Situation geben wird, in der er angeleint werden muss. Nichts ist dann stressiger als ein Hund, der an der Leine zickzack läuft, zu zögerlich geht oder wie ein Wilder zieht.

44

Am sinnvollsten und einfachsten können Sie dem Hund verständlich machen, wie schnell er an der Leine gehen darf und dass er nicht ziehen soll, wenn Sie ihn immer dann mit Worten loben, wenn er in einem akzeptablen Radius um Sie herum läuft. Die Leine soll dabei locker durchhängen. Sie können ihm dabei ab und zu auch ein Leckerchen zustecken. Später verfeinern Sie die Übung und belohnen ihn nach und nach immer nur noch, wenn er besonders nah bei Ihnen geht.

Eine spezielle Übung besteht darin, den Welpen mit einem Spielzeug oder Leckerchen, das man in der Hand dicht am eigenen Bein hält, dazu zu verleiten, diesem zu folgen. Sollte der Welpe zu schnell werden oder sich ablenken lassen, unterbricht man die Übung kurz mit SITZ und geht danach noch einmal wie beschrieben ein kleines Stückchen weiter.

Achten Sie auch dann darauf, wenn Sie nicht explizit die Leinenführigkeit üben, dass Sie den Welpen nicht an der Leine ziehen lassen. Gleichzeitig sollten Sie sich jedoch auch nicht dazu verleiten lassen, ihn an der Leine hinter sich her- oder von etwas wegzuziehen. Konzentrieren Sie ihn in solchen Fällen lieber erneut auf eine Übung. Wenn der Welpe sehr zögerlich ist, locken Sie ihn mit einem Leckerchen oder einem Spielzeug. Wenn er zieht, bleiben Sie stehen und gehen erst dann weiter, wenn der Zug an der Leine nachgelassen und der Hund Sie einmal angeguckt hat. So lernt der Hund, dass ein Gehen an der Leine etwas Spannendes und Lustiges ist, während das Ziehen an der Leine dazu führt, dass er nicht vorwärtskommt.

Mit einem Welpen, der noch keine ordentliche Leinenführigkeit beherrscht, sollten Sie nicht mit Eile irgendwo hingehen, denn dann haben Sie nicht die Zeit, auf all diese Dinge zu achten. Sollte es dennoch einmal nicht anders gehen, wenden Sie einen Trick an: Geben Sie dem Hund den Befehl LAUF als Freibrief für das Ziehen an der Leine. Auf diese Weise stellt er mit der Zeit die Verknüpfung her: „LAUF bedeutet, ich kann ziehen, sonst muss ich immer ungefähr auf gleicher Höhe mit meinen Leuten gehen."

Den Hund zurückzuziehen, wenn er bereits zu weit vorgelaufen ist und an der Leine zieht, ist wenig sinnvoll, weil es praktisch wirkungslos ist. Zug bewirkt nur Gegenzug. Besser ist es, dem Hund gleich

> Für die Leinenführigkeit gibt es keinen Befehl, denn dann müsste man dem Hund den Befehl immer geben, wenn man möchte, dass er ordentlich an der Leine geht. Im Prinzip erwartet man aber, dass der Hund immer ohne zu ziehen läuft, sobald er angeleint ist.

TIPP
    Ein gutes Hilfsmittel, die Leinenführigkeit zu trainieren, sind die so genannten Hundehalfter (Haltis oder Gentle Leader), die um die Schnauze des Hundes gelegt werden.

von Anfang an zu vermitteln, dass Ziehen erfolglos ist. Dazu können Sie neben den schon beschriebenen Trainingsansätzen auch so vorgehen: Wechseln Sie konsequent immer sofort die Richtung, sobald Ihr Hund zu ziehen beginnt. Diese Methode führt innerhalb weniger Tage zum Erfolg, wenn man wirklich konsequent vorgeht, sie kostet aber wesentlich mehr Nerven als die anderen.

Mit einem Hundehalfter fällt das Training der Leinenführigkeit leicht, denn man kann den Hund lenken.

Die Leine wird bei den Halftern mit einem Karabinerhaken unterm Kinn befestigt, mit dem anderen Haken am normalen Halsband. Wenn der Hund die Tendenz hat, nach vorne zu streben, kann man seinen Kopf sanft in Richtung auf sich selbst lenken und versuchen, seine Konzentration durch Futter, Spielzeug oder eine kurze Übung wiederzuerlangen. Und noch eines: Ganz gleich, wie groß Ihr Hund ist – es

■ Wenn Ihr Welpe nicht mitlaufen möchte, sollten Sie ihn locken und motivieren.

ist kein zusätzlicher Kraftaufwand erforderlich, wenn Sie ihn am Hundehalfter halten. An das Tragen eines Halfters sollte der Hund, ähnlich wie bei der Gewöhnung an ein Halsband, schrittweise gewöhnt werden.

Alle Hilfsmittel, die dem Hund Schmerzen bereiten, sind zum Training der Leinenführigkeit ungeeignet. Hierzu zählen an erster Stelle die Stachelhalsbänder, aber auch die Gentle- oder Easy-Walk-Geschirre (Lupis), die zur Zeit sehr in Mode sind. Letztgenannte drücken auf das Nervengeflecht, das unter der Achsel des Hundes liegt und führen so dazu, dass der Hund, um den Schmerzen zu entgehen, nicht mehr an der Leine zieht. Aus tierschutzrechtlichen Gründen, aber auch, um seinen Hund nicht zu erdrosseln, sollte man die Finger von Zughalsbändern ohne Stop lassen. Meist werden solche Hilfsmittel erst bei erwachsenen Hunden eingesetzt, wenn sie in Welpentagen nicht gelernt haben, ordentlich an der Leine zu laufen. Lassen Sie deshalb beim Training der Leinenführigkeit schon beim ganz jungen Hund besondere Sorgfalt walten, damit Sie sich über den Einsatz solcher Hilfsmittel gar nicht erst den Kopf zerbrechen müssen.

> Ziehen Sie niemals ruckartig am Halfter. Das ist überhaupt nicht notwendig und für die Erziehung auch nicht angezeigt.

Aufmerksamkeit erheischendes Verhalten

Auch Welpen lernen schnell, was sie anstellen müssen, um im Mittelpunkt des Geschehens zu stehen oder ihren Kopf durchzusetzen. Ein Paradebeispiel ist das Betteln. Kein Hund bettelt ewig weiter, wenn er merkt, dass er keinen Erfolg hat. Es kommt also einzig und allein auf Ihre Konsequenz an, mit der Sie dieser und ähnlich lästigen Verhaltensweisen entgegentreten. Wenn Ihr Welpe bereits die Tendenz erkennen lässt, in bestimmten Situationen Ihre Aufmerksamkeit einzufordern, sollten Sie dem rechtzeitig einen Riegel vorschieben. Wenn er Sie zum Beispiel anspringt, im Spiel zu stürmisch beißt oder Sie während eines Telefongesprächs belästigt: Gehen Sie nicht auf das fordernde Verhalten Ihres Hundes ein! Drehen Sie sich weg und ignorieren Sie ihn, bis er Sie in Ruhe lässt. Ignorieren bedeutet: nicht anfassen, nicht ansprechen und nicht angucken! Wenn man ein Verhalten konsequent ignoriert, wird der Hund es schon nach kurzer Zeit nicht mehr zeigen, denn es führt für ihn zu keinem Erfolg.

> Aber Achtung!
> Wenn man nur halbherzig an die Sache herangeht oder nach einiger Zeit doch weich wird und den Forderungen des Hundes nachgibt und auf ihn reagiert, hat der Hund auch etwas dabei gelernt: dass er nämlich lange und eindringlich genug dabei bleiben muss, um doch noch Erfolg zu haben!

47

Umweltabenteuer

Rechte Seite:
Lassen Sie Ihrem Welpen
genug Zeit, die Umwelt
zu erkunden.

Dieses Kapitel bietet Ihnen einen Überblick über eine ganze Reihe sinnvoller und lustiger Umweltabenteuer. Alle diese Abenteuer sollte Ihr Welpe im Zuge einer breit gefächerten und guten Sozialisation erleben. Dabei ist wichtig, dass er diese Umweltreize in einer entspannten Atmosphäre serviert bekommt, so dass er sie stress- und angstfrei erlebt. Der Welpe stuft dann die Erlebnisse entweder als harmlos oder auch als spannend ein. Beides ist günstig im Hinblick darauf, dass ihm diese Erfahrungen für den Rest seines Lebens als Vergleichsmaßstab dienen werden.

Wenn Sie mit Ihrem Welpen die Umweltabenteuer erleben, sollten auch Sie in gelöster Stimmung sein. Denn Ihre Selbstsicherheit oder Ihre Unsicherheit überträgt sich auf den Welpen, wenn Sie ihn an ihm unbekannte Menschen, Tiere, Objekte und Situationen heranführen.

Besonders empfehlenswert ist es, wenn der Welpe die Reize in einer Welpenspielgruppe erleben kann, denn in diesem Umfeld fühlt er sich sicher und erlebt die Dinge so ganz nebenbei, weil er auf das Spiel mit den anderen Welpen konzentriert ist.

Die Abenteuer wurden so zusammengestellt, dass möglichst viele verschiedene Aspekte dabei berücksichtigt werden. Legen Sie besonders viel Wert auf die Dinge, die im normalen Alltag für Ihren Hund nicht vorkommen, denn dies sind die Punkte, mit denen er später mangels früher positiver Erfahrung Probleme haben könnte. Ein extremes Beispiel dazu wäre, dass ein Hund, der in der Stadt groß wird, sich vielleicht vor Flussläufen, Wald oder weiten Feldern fürchtet, während dagegen ein Hund, der in ländlicher Umgebung groß geworden ist, oft mit Straßenlärm, Menschengetümmel oder Skateboardfahrern nicht zurechtkommt.

> Achten Sie darauf, dass Sie Ihren Welpen nicht überfordern, aber lassen Sie ihn auch nicht zu behütet aufwachsen. Die Sozialisationsphase ist schließlich die Zeit, die den Welpen auf sein späteres Leben vorbereitet.

1 Fremde Hunde

Der Hund muss einen Großteil des Sozialverhaltens erlernen. Für den Welpen bedeutet das, dass er durch Kontakte mit anderen Hunden die Bedeutung der Gebärden, Gestik und Mimik kennen und einzuschät-

Nachlaufen und Beute abjagen macht jungen Hunden viel Spaß.

zen lernt, denn im Spiel werden Rangstellungen durchgespielt, Jagdsequenzen erprobt und die Geschicklichkeit trainiert. Ein weiterer wichtiger Baustein der erlernten Verhaltensweisen ist die Beißhemmung, die vor allem im Spiel mit anderen Welpen geübt wird (vgl. Seite 9). Da es mittlerweile mehr als 400 verschiedene Rassen gibt, nicht zu vergessen die große Zahl der unterschiedlichsten Mischlinge, ist für den Welpen Hund nicht gleich Hund. Achten Sie auch auf dem Spaziergang darauf, dass Ihr Welpe häufig Gelegenheit bekommt, große, kleine, alte, junge, lockige, glatt-, kurz-, lang-, hell- und dunkelhaarige Hunde kennen zu lernen. Hierbei macht er gleichzeitig Bekanntschaft mit den verschiedenen Spieltypen, denn auch in diesem Punkt können sich Hunderassen erheblich voneinander unterscheiden.

Wenn Sie vorhaben, mit Ihrem Welpen eine Welpengruppe zu besuchen, sollten Sie einen Spielkreis auswählen, in dem alle Rassen und Mischlinge zugelassen sind, denn dann lernt der Hund von Anfang an eine größere Vielfalt kennen.

2 Menschen

Der Hund ist in einem entscheidenden Punkt ganz anders als all unsere anderen Haustiere. Er sieht den Menschen als echten Sozialpartner an und überträgt sein Handeln und sein Verständnis von Familienstrukturen auch auf uns Menschen. Durch diese Besonderheit lebt der Hund sozusagen in zwei Welten: Er muss nicht nur seine arteigene Kommunikation erlernen, sondern auch noch menschliche Gestik einschätzen können. Dies ist für ihn nicht immer einfach, denn obwohl es einige Gemeinsamkeiten zwischen den sozialen Gesten und den Sozialstrukturen von Menschen und Hunden gibt, verstößt unser menschliches Handeln oft genug gegen die Hundelogik.

Bedenken Sie, dass es einfacher ist, wenn Sie sich nach der Hundelogik richten, denn Ihnen selbst ist klar, was Sie tun, der Welpe hingegen weiß gar nicht, dass es darum geht, Menschen als „Fremdsprache" zu erlernen, weil er Sie ja als Sozialpartner, als seinesgleichen also, betrachtet.

Achten Sie darauf, dass der Welpe auch Kontakte zu Menschen knüpfen kann, die schon optisch durch ihre Andersartigkeit auffallen. Bedenken Sie, dass vor allem Kinder, aber auch alte oder körperlich behinderte Menschen dem Hund nicht gleich als „Menschen" vertraut sind, denn sie haben eine andere Körperhaltung und eine andere Art sich zu bewegen. Babys sind für Hunde noch einmal etwas ganz anderes. Geben Sie Ihrem Welpen Gelegenheit, während der Sozialisationsphase auch zu Babys und Kleinkindern Kontakte zu knüpfen, damit er sie später als normale Mitgeschöpfe einstuft. Versuchen Sie außerdem Situationen zu schaffen, in denen der Welpe außer „normalen" Erwachsenen auch spielende, laut schreiende Kinder, Jugendliche, alte Menschen oder Menschen mit einer anderen Hautfarbe kennen lernen kann. Bitten Sie diese Menschen doch, sich einen Moment lang ruhig zu verhalten, sich hinzuhocken oder zu ducken, den Hund mit einem Leckerchen zu locken oder ihn zu einem Spiel zu animieren. Solche positiven Kontakte tragen dazu bei, dass der Welpe einen positiven Eindruck bekommt. Im Umweltabenteuer 5 sind weitere Beispiele für Begegnungen mit optisch auffälligen Menschen genannt.

> Versuchen Sie als Besitzer, der Hundelogik zu folgen. Dann können Sie Ihrem Welpen die Welt leichter verständlich machen und gehen nicht das Risiko ein, dass er das Vertrauen zu Ihnen verliert, weil ihn Ihr Handeln schockiert.

Solche Begegnungen sind für beide Seiten ein Gewinn.

Mit einer weiteren Gruppe von Menschen sollte der Hund aus anderen Gründen ebenfalls vertraut gemacht werden: Gemeint sind Jogger, Rollbrett-, Rollschuh- und Fahrradfahrer. Sie können einen Hund durch ihre schnelle Fortbewegung leicht zum Hetzen verleiten. Im schlimmsten Fall jagt der Hund seiner Ersatzbeute Mensch nicht nur hinterher, sondern beißt sie auch noch. Damit es aber gar nicht erst soweit kommt, sollte Ihr Welpe diesen besonderen Kreis von Menschen schon früh kennen lernen.

51

Schenkt der Welpe von sich aus den Sportlern kein großes Interesse, brauchen Sie im Prinzip gar nichts weiter zu tun. Hin und wieder können Sie dem Hund, wenn gerade ein Sportler an ihm vorbeirennt oder -fährt oder im dem Moment, wenn er brav auf Zuruf gekommen ist, ein Leckerchen zustecken.

Hat der Hund die Tendenz, den Sportlern hinterherzusetzen, sollte man so bald wie möglich eingreifen. Am besten geht das, indem man sich mit einem Bekannten verabredet, der als "Köder" die Rolle des Sportlers übernimmt. Man selbst sollte mit einem Spielzeug oder genügend Leckerchen bewaffnet sein, um den Hund für gutes Verhalten belohnen zu können. Die zum Sportler auserkorene Person kann gegebenenfalls mit einer Wasserpistole ausgestattet sein oder auch ohne Hilfsmittel agieren. Jedesmal wenn „Ihr Sportler" im Blickfeld auftaucht, sollten Sie den Hund rufen und sofort belohnen, wenn er gehorcht hat. Dies gelingt besonders leicht, wenn die mitspielende Person zunächst noch sehr weit entfernt ist. Wenn der Hund nicht gehorcht und zum Sportler hinläuft, gehen Sie folgendermaßen vor: Ihr Bekannter bleibt stehen, schenkt dem Hund aber keinerlei Beachtung (Ignorieren bedeutet: nicht gucken, nicht reden, nicht bewegen). Sie entfernen sich vom Hund und lassen ihn dann, wenn er Ihnen folgt, eine einfache Übung machen, für die er belohnt werden kann. Hilft dies nichts, kann der „Sportler" notfalls unauffällig und ohne den Hund anzusprechen, mit der Wasserpistole auf ihn einwirken. (Ich empfehle das aber zunächst nicht, außer in dem Fall, dass der Hund an ihm hochspringt.) Wichtig ist, dass Sie bei diesem Training möglichst oft den Standort und die Hilfsperson wechseln, denn sonst stellt Ihr Hund die Verknüpfung nur für ein bestimmtes Gebiet und eine bestimmte Person her und verhält sich bei anderen Gelegenheiten und in anderer Umgebung nach wie vor nicht in erwünschter Weise. Gleichzeitig mit diesen inszenierten Übungen kann man auch folgende Methode anwenden: Jedesmal wenn man irgendwo einen Sportler sieht (auch wenn der Hund ihn noch nicht gesehen hat oder er noch so weit weg ist, dass der Hund sowieso nicht losgelaufen wäre), spricht man den Hund an, steckt ihm ein Leckerchen zu und animiert ihn zu einem Spiel. Auf diese Weise stellt der Hund auf Dauer die Verknüpfung her, dass Sportler der Schlüssel zu einer leicht verdienten Belohnung oder zu einem lustigen Spiel sind.

TIPP
Je öfter die Übung durchgespielt wird, um so sicherer wird der Hund in Zukunft in ähnlichen Situationen fremden Sportlern gegenüber reagieren.

3 Fremde Tierarten

Wenn Welpen schon beim Züchter Kontakt zu einer anderen Tierart hatten, betrachten sie diese in ihrem Umfeld als normal. Wachsen sie ohne Kontakte mit fremden Tieren auf, reagieren sie bei der ersten

Begegnung entweder ängstlich oder aber sie stufen das Tier als Beute ein und wollen es jagen. Auch wenn Ihr Welpe bisher keine fremden Tierarten kennen gelernt hat, ist es weitgehend unproblematisch, ihn noch daran zu gewöhnen. Hatte der Welpe aber schon oft Gelegenheit, ein Tier zu jagen, wird es viel schwieriger. Mit einem entsprechenden Training der Befehle SITZ, PLATZ und BLEIB kann man aber auch noch nach seiner Sozialisationsphase erreichen, dass der Hund unter Aufsicht anderen Tieren nicht nachstellt. Um den Horizont des Welpen zu erweitern und auch, um späteren Zwischenfällen vorzubeugen, sollte man sich während der Sozialisationsphase bemühen, dem Hund so viele fremde Tiere wie möglich vorzustellen. Achten Sie darauf, dass es sich um Tiere handelt, die den Umgang mit Hunden gewöhnt und stressfrei sind und die sich entsprechend ruhig verhalten. Ruhige Tiere sind zum einen weniger Furcht einflößend und verleiten den Hund andererseits weniger stark zum Jagen. Lenken Sie – wann immer möglich – den Welpen von dem anderen Tier ab und lassen Sie ihn eine Übung machen. Belohnen Sie ihn, wenn er sie er-

Auch mit Pferden kann man Welpen schon vertraut machen.

53

folgreich durchgeführt hat. Außerdem können Sie Ihren Welpen immer dann belohnen, wenn er mit Ihnen Blickkontakt aufgenommen hat oder er sich fremden Tieren gegenüber indifferent-freundlich verhält. Entziehen Sie ihm aber jede Aufmerksamkeit, wenn er versucht, dem anderen Tier nachzustellen. In dem Fall können Sie auch mit einer indirekten Strafmethode auf ihn einwirken, etwa indem Sie ihn wortlos mit Wasser bespritzen, so dass er die Strafe nicht mit Ihnen, sondern direkt mit seinem Jagdversuch in Verbindung bringt.

> Bedenken Sie aber stets, dass auch der domestizierte Hund ein Raubtier ist! In unbeobachteten Momenten kann sein Jagdinstinkt durchkommen.

Wiederholen Sie dieses Umweltabenteuer mit vielen verschiedenen Tierarten: Katzen, Kaninchen, Pferden, Kühen, Schafen, Vögeln. Auch einen Besuch im Zoo kann man zu solch einem Training nutzen – vorausgesetzt, Hunde sind erlaubt. Führen Sie den Welpen dort bis auf etwa einen Meter an die Gitter heran und lassen Sie ihn sich auf eine Übung konzentrieren oder animieren Sie ihn zu einem Spiel. Auf diese Weise wird er auch diese fremden Tiere als etwas Nebensächliches und völlig Normales ansehen und sie so in seiner Erinnerung abspeichern.

4 Straßenlärm

Straßenlärm kann einen unerfahrenen Hund stark irritieren. Der Welpe sollte deshalb – selbst für den Fall, dass er in eher ländlicher Umgebung aufwachsen wird – unbedingt in der Sozialisationsphase mit dem Verkehrsgetöse vertraut gemacht werden. Denn irgendwann muss er vielleicht doch einmal in die Stadt mitgenommen werden.

Wählen Sie einen Zeitpunkt, in dem der Welpe in entspannter Stimmung ist und arrangieren Sie eine Situation, in der gewährleistet ist, dass Sie die Konzentration des Hundes auf etwas anderes als den Verkehr lenken können. Auch die Gewöhnung an Straßenlärm sollte ganz nebenbei stattfinden. Gut geeignet ist folgender Trick: Die Bezugsperson des Welpen begibt sich ohne ihn an eine laute und befahrene Straße. Dann bringt eine weitere Person den Hund aus einem vertrauten Umfeld, wie beispielsweise dem Auto, angeleint ins Sichtfeld der Bezugsperson. Diese kann den Welpen nun rufen. Meist stürzen die Welpen voller Begeisterung auf ihren Menschen zu und vergessen alles um sich herum. Für den ersten Übungstag reicht das schon. Beim nächsten Mal kann man die Übung erweitern, indem man den Hund über Futter oder Spielzeug ablenkt und mit ihm einige 100 Meter entlang einer befahrenen Straße mit all ihrem Getöse spazieren geht.

5 Optische Reize

Auch wenn Hunde insgesamt weniger stark auf optische Wahrnehmungen angewiesen sind als zum Beispiel Menschen, gehören optische Eindrücke dennoch zu ihrem Leben. Umweltabenteuer mit optischen Reizen sind deshalb sehr wichtig. Sie können drinnen und draußen durchgeführt werden.

Führen Sie den Welpen an auffällige Gegenstände wie Kinder- oder Einkaufswagen, Mülleimer, Briefkästen, Telefonzellen, Parkbänke oder Baumaschinen heran.

Als tolle optische Reize zum Aufhängen eignen sich in Streifen geschnittene Plastiktüten, Streifen aus Alufolie oder Bänder, wie sie für Straßenabsperrungen verwendet werden. Auch Luftballons in verschiedenen Formen, Seifenblasen, Girlanden oder Luftschlangen kann man hierzu verwenden. Gehen Sie auch hier schrittweise vor und bieten Sie die Reize zunächst in harmloser Form an, damit sie eher nebenbei wahrgenommen werden können. Beim nächsten Mal können Sie sie besonders auffällig platzieren oder so aufhängen, dass sie flattern und sogar Geräusche machen.

Neben den im Umweltabenteuer 2 angesprochenen Begegnungen mit Menschen sind Personen mit Hüten, weiten Mänteln, mit dunkler Klei-

Diese Welpen bekommen schon beim Züchter viele Reize geboten.

■ Seifenblasen sind harmlose und lustige optische Reize.

TIPP
Achten Sie auch hier aber wieder darauf, den Welpen nicht im Moment seiner Angst zu belohnen, sondern erst, wenn er sich mutig aber ohne zu bellen ein paar Schritte vorgetraut hat.

dung, Gehstöcken, Koffern, großen Paketen, im Rollstuhl oder mit einem Badetuch um den Kopf oder Leute, die plötzlich einen Regenschirm öffnen, für den Hund zunächst fremd. Nutzen Sie jede Gelegenheit, dem Hund solche Eindrücke zu vermitteln. Sollte das schwierig sein, können Sie auch einen Bekannten bitten, sich auffällig zu kleiden, zu humpeln oder wie wild mit den Armen zu fuchteln, um dem Welpen etwas Neues und Ungewohntes zu bieten. Sollte er darauf ängstlich reagieren, ist es ideal, wenn er die betreffende Person kennen lernen kann und dieser Kontakt positiv verläuft. Bitten Sie in solchen Fällen Ihren Bekannten, sich ruhig und unauffällig zu verhalten und den Hund nicht direkt anzuschauen, denn dies ist eine bedrohliche Geste, die den Welpen weiter verunsichern könnte. Die Hilfsperson kann dem Hund ruhig ein Leckerchen anbieten oder ihn zu einem lustigen Spiel animieren, wenn er sich schließlich herangetraut hat.

6 Verschiedene Bodenbeschaffenheiten

Zum Erleben der Umwelt gehört auch das Kennenlernen verschiedener Bodenarten, denn für einen Hund ist es nicht dasselbe, ob er auf Waldboden, einer grünen Wiese, Stoppelfeldern, Sand, Kies, Schotter, Asphalt oder Parkett läuft. Es ist deshalb ein weiteres kleines Umweltabenteuer für den Welpen, diese Dinge kennen zu lernen. Um die Gewöhnung an verschiedene Bodenbeschaffenheiten möglichst breit anzulegen, sollten Sie den Hund neben den oben erwähnten Bodenarten auch über Holzplanken, Baumstämme, Laub, verschiedene Steine oder Steinfußböden, gekachelte Böden, Teppichboden, eine Plastikplane, Gummimatten und über Gitterroste laufen lassen.

Sollte der Hund sich scheuen, über einen bestimmten Untergrund zu laufen, kann eine gezielte Übung dazu dienen, dem Hund das zunächst ungewohnte Gefühl beim Laufen als etwas Normales erscheinen zu lassen. Locken Sie ihn hierbei mit einem Leckerchen oder einem Spielzeug über die ungewohnte Stelle und belohnen Sie ihn, wenn er Ihnen tapfer gefolgt ist.

Besonders im Spiel mit anderen Hunden erlebt der Welpe die Bodenbeschaffenheit als etwas Nebensächliches. Dasselbe ist der Fall, wenn Sie den Hund spielerisch ablenken, während Sie mit ihm zusammen über unbekannte Bodenbeläge gehen und er ihnen freimütig folgt.

Die Gewöhnung an verschiedene Bodenarten ist auch für die Stubenreinheit bedeutsam. Welpen werden auf den Boden geprägt, auf dem sie ihre ersten Ausscheidungen abgesetzt haben. Deshalb ist es leichter, einen Welpen stubenrein zu bekommen, der die Möglichkeit hatte, vom Wurflager aus zum Beispiel in ein Gebüsch zu gehen, um sich dort zu lösen, als einen, der im Haus gehalten wurde und den Teppich als Unterlage vorgefunden und benutzt hat. Damit der Hund

Das Laufen über ungewohnte Bodenflächen ist ein wichtiges Umweltabenteuer.

schnell stubenrein wird, ist es empfehlenswert, draußen immer an denselben Ort zu gehen, denn dann kann der Hund leichter eine Verknüpfung herstellen (vgl. Stubenreinheit Seite 36).

7 Geräusche

Neben dem Umweltabenteuer Straßenlärm gibt es natürlich noch viele andere Geräusche, mit denen der Welpe während der Sozialisationsphase vertraut gemacht werden sollte. Bei der Suche nach verschiedenen Geräuschen sind der Phantasie keine Grenzen gesetzt. Achten Sie bei der Gestaltung dieser Umweltabenteuer darauf, dass der Welpe – wie bei den anderen Abenteuern auch – den Reiz möglichst nebenbei kennen lernt, also gleichzeitig durch etwas anderes für ihn Angenehmes abgelenkt wird. Als Geräuschquellen eignen sich beispielsweise Spielzeugpistolen, Ratschen, Tröten, Rasseln, Pfeifen, Gasbrenner und auch gebastelte Krachmacher, wie etwa ein mit Schrauben gefülltes Kistchen oder eine Blechbüchse. Im Haushalt sollte der Welpe von Anfang an die üblichen Haushaltsgeräusche kennen lernen. Staubsauger, Fernseher, Radio, Telefon, Haustürklingel, Uhrenläuten, Rasierer, Föhn und vieles mehr klingen für den Welpen zuerst einmal neu. Besonders beeindruckend sind Staubsauger für Welpen, vermutlich nicht nur wegen des Geräusches, sondern auch wegen der Bewegung dieses Gerätes. Einige Hunde haben vor dem Staubsauger Angst, andere überspielen ihre Unsicherheit, indem sie ihn verbellen oder angreifen. Um dies zu vermeiden, sollten Sie den Hund schrittweise an den Staubsauger gewöhnen. Schalten Sie ihn zunächst ein, während Ihr Welpe frisst, und machen Sie beim Staubsaugen möglichst langsame Bewegungen, damit es den Hund weder ängstigt noch für ihn in irgend einer Weise spannend ist.

> Wenn man nicht möchte, dass der Hund später auf das Klingeln reagiert und an der Tür bellt, sollte man die Weichen schon beim Welpen stellen, dem das Klingeln noch nichts bedeutet.

Neben dem Staubsauger hat die Türschelle für den Welpen schnell eine Schlüsselbedeutung. Das liegt vor allem daran, dass er beobachten kann, dass seine Menschen auf das Läuten wie auf Kommando reagieren und zur Tür hinstürmen. Wenn dabei gelegentlich noch laut gerufen wird (etwa: „Ich komme gleich!" oder Ähnliches), wird die ganze Aktion für den Hund noch interessanter. Belohnen Sie ihn dann für das Leisesein und bitten Sie Ihre Bekannten, zu verabredeten Zeiten häufiger mal zu klingeln, ohne dass Sie dann darauf reagieren, denn so kann der Hund keine Verknüpfung zum Klingeln herstellen.

Draußen gibt es noch eine ganze Anzahl weiterer Geräusche, die häufig zu vernehmen sind und die der Welpe idealerweise schon während der Sozialisationsphase kennen lernen sollte. Hierzu zählt das Schlagen von Autotüren, Baustellenlärm, laute Musik oder Stimmengewirr. Lassen Sie den Hund diese Umweltabenteuer zunächst in abgeschwächter Form erleben, damit er sich nicht ängstigt. Tasten Sie sich aber während der ersten 16 Lebenswochen auch an laute Geräusche heran. Sie können die Intensität vieler Geräusche leicht regulieren, indem Sie die Entfernung zur Geräuschquelle verändern. Stecken Sie Ihrem Welpen immer wieder einmal ein Leckerchen zu, wenn er keine Anzeichen von Angst zeigt. Und beachten Sie ihn nicht, wenn er sich doch einmal erschrickt. Lenken Sie in solchen Fällen seine Aufmerksamkeit lieber auf ein Spiel oder Futter und machen Sie dann eine kleine Übung (z.B. SITZ oder Pfötchengeben), für die Sie ihn dann überschwänglich belohnen können.

Um Problemen zur Silvesterzeit oder auch bei Gewitter vorzubeugen, kann man den Welpen schon früh an das Knallen und Zischen von Böllern oder an Donner gewöhnen. Es gibt im Handel CDs mit den verschiedensten Geräuschen – etwa für Hörspiele oder um Videos zu vertonen. Mit Hilfe solch einer CD kann man den Welpen unabhängig von der Jahreszeit an diese Geräusche gewöhnen. Spielen Sie

Möglichst nebenbei sollten junge Hunde viele verschiedene Geräusche kennen lernen.

die CD in mittlerer bis hoher Lautstärke immer wieder einmal ab, wenn der Hund gerade frisst. Auf diese Weise tritt das Geräusch für ihn in den Hintergrund und führt dann „im Ernstfall" nicht mehr zu Problemen. Besonders für Hunderassen, die für ihre Geräuschempfindlichkeit bekannt sind, empfiehlt sich dieses Vorgehen.

8 Hindernisse

Draußen gibt es eine Menge Hindernisse, die man dem Welpen als Umweltabenteuer bieten kann. Man kann ihn etwa über verschiedene Brücken (z.B. über einen Fluß oder auch über eine Autostraße) oder durch einen kleinen Graben laufen lassen, ihn dazu animieren, einen Hügel oder eine Parkbank zu erklimmen, einen Stein oder Baumstamm zu besteigen, durch einen Tunnel zu krabbeln oder über ein kleines Hindernis wie ein Brett oder etwas Ähnliches zu springen. Auch im Haus bieten sich die tollsten Hindernisse. Lassen Sie Ihren Hund unter einem fla-

> **TIPP**
> Je mehr Ideen Sie haben und je abwechslungsreicher Sie dieses Umweltabenteuer gestalten, desto größer ist der Nutzen für eine gute Sozialisation.

chen Tischchen durchkriechen, durch ein im Türrahmen aufgespanntes Band aus zerschnittenen Plastiktüten oder ein aufgehängtes Tuch laufen und Ähnliches. Ihrem Einfallsreichtum sind keine Grenzen gesetzt.

9 Auto fahren

Autos sind aus dem täglichen Leben des Menschen nicht mehr wegzudenken. Das bedeutet gleichzeitig, dass auch für Hunde Autofahrten unumgänglich sind. In der Regel gewöhnen sich Welpen relativ schnell ans Autofahren, auch wenn es sein kann, dass ihnen bei den ersten Fahrten übel wird. Falls Ihr Welpe noch nie im Auto mitgenommen wurde, können Sie sich für ihn vom Tierarzt prophylaktisch ein Mittel gegen Übelkeit verschreiben lassen. Das können Sie dem Welpen auf den ersten Fahrten geben, damit er die negative Assoziation Auto = Übelkeit gar nicht erst herstellen kann. Hat sich der Welpe erst an das seltsame Geruckel gewöhnt, wird ihm kaum noch schlecht werden.

Bei allen Fahrten empfiehlt es sich, den Hund mit einem speziellen Geschirr anzugurten, denn nur auf diese Weise kann man die anderen Insassen und natürlich auch den Hund selber im Falle eines Unfalls am besten schützen. Achten Sie beim Kauf eines solchen Geschirres auf die TÜV-Tauglichkeit, denn leider gibt es nur wenig zuverlässige Gurte. Dasselbe gilt auch für Trenngitter.

Im Folgenden wird beschrieben, wie man dem Hund ein ruhiges Verhalten während des Autofahrens beibringen kann: Heben Sie den Welpen zunächst häufig ins Auto und ohne gefahren zu sein wieder heraus. Trainieren Sie mit ihm die Befehle SITZ oder PLATZ an dem Platz im Auto, den er künftig auf allen Fahrten einnehmen soll bzw. machen Sie mit ihm dort einige SITZ-und-BLEIB- oder PLATZ-und-BLEIB-Übungen. Belohnen Sie den Welpen immer für braves Befolgen der Befehle. Verlängern Sie von Mal zu Mal die Zeitspanne, die der Welpe in der von Ihnen verlangten Position bleiben soll. Dies erreichen Sie, indem Sie ihm die Belohnung immer ein klein wenig später geben. Dehnen Sie diese Übung auf etwa eine Minute aus.

Günstig ist es, wenn Sie eine Hilfsperson haben, denn dann können Sie gleich zum nächsten Schritt übergehen. Starten Sie den Motor des Autos, während die Hilfsperson mit dem Hund weiter übt. Am folgenden Tag fahren Sie ein kleines Stückchen. Auch hierbei sollte der Hel-

> Zwei weitere Dinge sollten bei den Autofahrten klar sein: Auch wenn der Hund ohne Geschirr fährt, sollte man ihm von Beginn an vermitteln, dass er nicht im Auto herumlaufen darf. Und man sollte auch kein Bellen, Jaulen oder Winseln dulden, ganz gleich ob er es aus Freude oder aus Unbehagen tut.

Linke Seite: Körpergefühl und Geschicklichkeit werden trainiert, wenn der Welpe lernt, Hindernisse zu überwinden.

61

■ Zunächst reagieren viele Welpen unsicher, wenn sie das erste Mal ins Auto gesetzt werden.

■ Rechte Seite: Dieser Dackelwelpe hat schon gelernt, wie er das kleine Hindernis überwinden kann.

fer den Welpen wieder auf seine Übung konzentrieren. Verlängern Sie Tag für Tag die Fahrten und vergessen Sie nicht, den Welpen für braves Verhalten zu belohnen.

Wenn Sie alleine üben, sollten Sie die Möglichkeit haben, immer sofort zu parken. Vielleicht können Sie Ihre Übungsfahrten auf einem großen Parkplatz machen. Wenn der Welpe dann entweder seinen Platz verlässt (mit einem Geschirr gesichert kann er das selbstverständlich gar nicht) oder doch anfängt zu jaulen, zu bellen oder zu winseln, stoppen Sie sofort, schimpfen nicht, sondern warten ganz ruhig und ohne den Hund weiter zu beachten, bis er sich beruhigt hat. Belohnen Sie ihn dann. Wiederholen Sie die Übung auf einem leichteren Niveau, z.B. indem Sie nicht so weit fahren. Auf diese Weise können Sie die Übung erfolgreich abschließen. Gehen Sie nach diesem Schema weiter vor, bis Ihr Hund ohne Probleme auch auf längeren Fahrten ruhig und geduldig auf seinem Platz verharrt.

 10 Treppen

Vermutlich wird fast jeder Hund früher oder später einmal in die Bedrängnis kommen, Treppen laufen zu müssen. Stellen Sie Ihren Welpen also schon früh vor diese schwierige Aufgabe, damit er sich daran gewöhnen kann. Das Treppenlaufen ist für Hunde insgesamt eine etwas schwierige Angelegenheit, besonders für Rassen mit langen Rücken und kurzen Beinen. Von medizinischer Seite wird empfohlen, Hunde mindestens im ersten halben Jahr zu tragen, weil sich in dieser Zeit die Knochen und Gelenke noch im Wachstum befinden und nicht unnötig belastet werden sollten. Diesem Ratschlag können Sie ruhig Folge leisten, sollten dem Welpen aber das Treppensteigen dennoch als Umweltabenteuer bieten. Treppen hochzulaufen ist für den Welpen meist einfacher und wird am leichtesten gelernt, wenn Sie einige Stufen hochlaufen und den Hund dann rufen oder mit einem Leckerchen oder Spielzeug locken. Dasselbe gilt im Prinzip für das Abwärtsgehen, allerdings kostet das viele Hunde mehr Überwindung. Das kann man sehr leicht nachvollziehen, wenn man sich selbst einmal auf allen Vieren an einen Treppenabsatz begibt. Die Wandseite einer Treppe erscheint Hunden grundsätzlich sicherer als die Geländerseite. Dies sollte man in der Übung ausnutzen und den Welpen dazu animieren, an der Wand entlang ein paar Stufen hinunterzulaufen. Belohnen Sie den Hund bei diesem Training zunächst nach jeder, später nach jeder zweiten Stufe und so weiter. Wechseln Sie auch hier oft den Übungsort und lassen Sie den Welpen auf Holztreppen, Steintreppen, Gittertreppen oder auch auf mit Teppich bezogenen Stufen üben, damit er die ganze Vielfalt kennen lernen kann.

11 Öffentliche Verkehrsmittel

Beim Fahren mit öffentlichen Verkehrsmitteln gilt es unterschiedliche Dinge zu beachten. Zum einen steht für uns natürlich die Sicherheit des Hundes im Vordergrund, der – besonders wenn er (noch) klein ist – schnell aus Versehen getreten werden kann. Wir sollten aber auch daran denken, dass es viele Menschen gibt, die aus den unterschiedlichsten Gründen Angst vor Hunden haben oder sich einfach belästigt fühlen, wenn ein Hund nah an sie herangeht oder sogar an ihrer Kleidung schnüffelt. Um sowohl dem Hund als auch unseren Mitmenschen gerecht zu werden, achten Sie bereits auf der ersten Fahrt darauf, dem Hund den Platz zuzuwei-

sen, den er auch später auf solchen Fahrten einnehmen soll – am günstigsten zwischen Ihren Beinen. Auf den ersten Fahrten ist sicherlich ein Spielzeug oder ein Leckerchen nötig, damit Sie den Hund von den vielen neuen Eindrücken (Geräusche, Gerüche, fremde Menschen und nicht zuletzt die ruckelige Fahrt) ablenken und auf Sie konzentrieren können. Je nach Größe des Hundes und vor allem je nach Trainingsstand kann man ihm den Befehl SITZ, PLATZ oder STEH und BLEIB geben, damit er den ihm zugewiesenen Platz nicht verlässt.

Sollte der Hund Anzeichen von Angst zeigen, ist auch hier wieder wichtig, diese Angst nicht ungewollt zu belohnen, sondern sie einfach zu ignorieren. Je kürzer die Fahrten sind, um so weniger Möglichkeit hat der Hund, sich in seine Angst hineinzusteigern. Dehnen Sie die Fahrten erst nach und nach aus, und zwar dann, wenn der Welpe schon eine erste Grundsicherheit besitzt. Gerade beim ängstlichen Hund ist es wichtig, diese Übung positiv zu gestalten, so dass für ihn nach und nach der angstauslösende Reiz in den Hintergrund tritt.

> Um den Hund gut an öffentliche Verkehrsmittel zu gewöhnen, ist es dringend nötig, häufige, aber zunächst nur kurze Fahrten mit den verschiedensten Beförderungsmitteln zu unternehmen.

Um dies zu gewährleisten, wählen Sie bei ängstlichen Hunden zunächst ein relativ ruhiges Beförderungsmittel wie etwa eine moderne U-Bahn und steigen Sie – wenn möglich – zusammen mit mehreren dem Welpen vertrauten Menschen ein. Geben Sie sich selbst möglichst entspannt.

Um ängstliches Verhalten nicht ungewollt zu belohnen, muss man auch mit Lob vorsichtig sein. Eine gute Lösung ist, den Hund mit einem Leckerchen zu motivieren und ihn zu veranlassen, SITZ zu machen. Stecken Sie ihm die Belohnung zu, wenn er sich brav setzt. Danach kann man mit einem weiteren Leckerchen oder einem Spielzeug die Spannung aufrecht erhalten, damit der Welpe abgelenkt ist und seinen Platz nicht verlässt.

Wenn der Welpe anfängt sehr stark zu speicheln, ist dies das erste Anzeichen dafür, dass ihm übel wird. Dann sollten Sie bei der nächsten Gelegenheit aussteigen und die nächsten Fahrten kürzer wählen. In Fällen heftiger Übelkeit können Sie auch hier Ihren Tierarzt bitten, dem Hund ein entsprechendes Mittel zu verschreiben.

Wenn fremde Menschen den Welpen auf der Fahrt ansprechen oder streicheln wollen, können Sie dies ruhig gestatten. So kann der Hund auf eine einfache Art weitere Menschen kennen lernen. Achten Sie aber darauf, dass der Welpe, wenn er eher schüchtern ist, nicht zu stark von fremden Menschen bedrängt wird. In jedem Fall sollte er dicht bei Ihnen bleiben, denn sonst könnte er die Gelegenheit nutzen, doch hin- und herzulaufen oder an anderen Menschen hochzuspringen.

Ein tolles zusätzliches Umweltabenteuer in Bezug auf öffentliche Verkehrsmittel können Sie Ihrem Welpen mit einer Fährfahrt bieten.

12 Aufzug

Das Fahren in gewöhnlichen Aufzügen tolerieren die meisten Hunde recht gut. In Glasaufzügen tun sich manche Hunde etwas schwerer. Beides sollte man dem Welpen als Umweltabenteuer bieten, damit Sie später nicht endlos Treppen und Umwege gehen müssen, nur weil Ihr Hund mit Aufzügen Probleme hat.

Sie gewöhnen den Welpen am einfachsten an das Aufzugfahren, indem Sie ihn während der ersten Fahrten durch Spielzeug oder ein Leckerchen ablenken. Wenn dies auf Anhieb klappt, kann man den Hund während der Fahrten auch SITZ oder PLATZ machen lassen und ihn dafür am Ende der Fahrt belohnen. Der Moment, in dem sich die Türen schließen, ist oftmals kritisch, weil der Welpe einen Schreck bekommen kann. Wenn es hierbei Schwierigkeiten gibt, sollte man eine Zwischenstufe einschalten, in der man den Hund unter spielerischer Ablenkung ein- und aussteigen lässt – zunächst ohne dass sich die Türen schließen. Später steigt man ein, wartet bis sich die Türen schließen, öffnet diese wieder und steigt aus, ohne gefahren zu sein. Erst wenn dies alles gut klappt, sollte man eine kurze Fahrt machen. Lenken Sie auch hier den Welpen ab und achten Sie darauf, dass er, sollte er sich vor dem Schließen der Tür fürchten, nicht in Richtung Tür guckt.

13 Badewanne und Dusche

Man wird wohl kaum darum herumkommen, den Hund hin und wieder baden oder duschen zu müssen. Daher ist es sinnvoll, schon dem Welpen zu vermitteln, dass diese Prozedur harmlos ist. Legen Sie eine große Gummimatte so in die Duschkabine oder Badewanne hinein, dass auch die glatten Wände von der Matte abgedeckt sind. Dann heben oder locken Sie den Welpen hinein und belohnen ihn mit einem Leckerchen. Lassen Sie ihn danach wieder heraus. Verlängern Sie peu à peu die Zeit, die der Welpe in der Dusche stehen soll. Bei dieser Gelegenheit können Sie auch gleich die STEH-Übung trainieren. Wenn diese Übung gut klappt,

Die normale Körpertemperatur eines Welpen liegt bei 39 Grad Celsius – also ein Grad höher als beim erwachsenen Hund.

können Sie beim nächsten Mal etwas Wasser laufen lassen, damit sich der Welpe an das Geräusch gewöhnt. Wenn ihn all dies nicht weiter ängstigt, können Sie anfangen ihn vorsichtig abzuspülen. Sparen Sie auch hier nicht mit Lob, wenn er ruhig stehen bleibt. Achten Sie darauf, dass das Wasser weder zu kalt noch zu heiß ist, denn das könnte dem Welpen die Übung verleiden.

Meist ist es nicht notwendig, Hunde mit Shampoo zu baden. Schmutz vom Spaziergang läßt sich auch mit Wasser wegspülen. Verwenden Sie, wenn es dennoch einmal nötig sein sollte, nur spezielle Hunde-Shampoos vom Tierarzt, um Haut und Haar nicht zu schädigen.

14 Föhn

Der Föhn ist als Geräuschquelle bereits im Umweltabenteuer 7 erwähnt. Dennoch wird er hier noch einmal behandelt, denn er spielt unter Umständen nicht nur als Geräusch eine Rolle für den Hund.

Wenn es Ihnen nicht reicht, dass Ihr Hund sich durch ein wildes Spiel trocken rennt und Ihnen auch das Trockenreiben zu aufwendig ist, können Sie selbstverständlich den Hund föhnen. Viele Hunde mögen das allerdings nicht. Wenn der Hund also später geföhnt werden soll, üben Sie das bereits mit dem Welpen. Achten Sie darauf, dass die Luft nicht zu heiß eingestellt ist und der Föhn nicht zu kräftig bläst. Loben Sie den Hund bei ruhigem Verhalten und belohnen Sie ihn zwischendurch immer wieder einmal mit einem Leckerchen. Begnügen Sie sich am Anfang mit ungefähr 20 bis 30 Sekunden, denn sonst verliert der Welpe schnell die Lust und würde einen negativen Eindruck von der Übung bekommen. Dehnen Sie langsam die Zeit aus, bis Sie es geschafft haben, alle Körperteile zu föhnen, die Sie trocknen wollen.

15 Tierarztbesuche

Wenn Welpen noch keine negativen Erfahrungen beim Tierarzt gemacht haben, gehen sie meist recht unbedarft an die Sache heran. Schnell lernen sie jedoch, dass es beim Tierarzt weh tun kann und dass dort Handlungen und Manipulationen an ihnen vorgenommen werden, die ungewohnt sind und die ihnen deshalb Angst machen. Damit die Konsultation für Ihren Hund und somit auch für Sie nicht zum stressreichen Erlebnis wird, ist es sinnvoll, den Hund einen Besuch beim Tierarzt schon als Umweltabenteuer kennen lernen zu las-

Im Spiel lernen die Welpen wichtige soziale Grundregeln.

sen, bevor ein notwendiger Termin ansteht. Ist dieser Zeitpunkt schon verpasst, kann man die Übung trotzdem durchführen und im Nachhinein daran arbeiten.

Folgendes sollte mit dem Welpen zu Hause, auf dem Spaziergang und natürlich auch in der Tierarztpraxis selbst geübt werden: Fiebermessen, während er ruhig steht, Schnauze öffnen, Kontrolle der Ohren, Zähne und Pfoten, den Hund auf den Rücken drehen und auch das intensive Begutachten irgendeiner bestimmten Körperstelle. Auch die Körperpflege mit Bürsten oder Kämmen zählt hierzu. Um späterem Zahnstein vorzubeugen, kann man den Welpen auch daran gewöhnen, dass man ihm die Zähne putzt. Lassen Sie sich von Ihrem Tierarzt zeigen, wie man dies richtig macht. Belohnen Sie den Welpen, wenn er sich bei diesen Übungen ruhig und entspannt verhält. Sollte er zappeln oder starke Abwehr zeigen, gilt es, den Hund nur unverändert festzuhalten und kommentarlos zu warten, bis er seine Gegenwehr eingestellt hat. Dies kann einige Minuten dauern. Es kommt einzig und alleine darauf an, mehr Durchhaltevermögen zu beweisen als der Welpe! Sobald er sich beruhigt hat, kann er belohnt werden.

Günstig ist es auch, mit dem Hund zu üben, einen Verband oder eine Halskrause zu tragen. Denn es kann sein, dass er mit diesen beiden Dingen nach einer Verletzung vorübergehend klar kommen muss. Da-

68

mit die Gewöhnung schnell geht, üben Sie auch hier Schritt für Schritt. Das bedeutet, Sie legen dem Hund den Verband oder den Halskragen um, belohnen ihn und nehmen das ungewohnte Ding dann schon wieder ab, um es beim nächsten Mal etwas länger umgebunden zu lassen. Lenken sie den Hund jeweils mit einer leichten Übung ab. Verfahren Sie immer so weiter, bis der Hund, ohne sich zu wehren und ohne zu versuchen, den Verband oder den Halskragen wieder loszuwerden, etwa 20 bis 30 Minuten problemlos zurechtkommt.

Ebenfalls schrittweise können Sie den Welpen an die Praxisräume und das Wartezimmer gewöhnen. Fragen Sie doch Ihren Tierarzt, ob es möglich ist, dass Sie mit dem Welpen häufiger mal vorbeikommen, um sich nur zu Übungszwecken einen Moment ins Wartezimmer zu setzen. Schön ist es, wenn Sie dabei ab und zu auch die Gelegenheit haben, das Behandlungszimmer zu betreten. In diesen Fällen sollte der Welpe dann kurz auf den Behandlungstisch gehoben werden und dort vom Tierarzt ein Leckerchen bekommen. Wenn der Tierarzt einen Moment Zeit hat, kann man bei diesen Gelegenheiten hin und wieder auch eine der oben erwähnten und vielleicht schon einstudierten tierärztlichen Handlungen vornehmen. Dieses Prozedere ist für den Tierarzt selbst weniger aufwändig, als es sich im ersten Moment anhört, denn die ganze Angelegenheit im Behandlungszimmer dauert nicht länger als ein bis zwei Minuten. Für den Tierarzt besteht der Vorteil darin, dass er sich so einen kleinen Freund heranzieht, der später ein problemloser Patient sein wird, weil er vor ihm und dem Besuch in der Praxis keine Angst haben wird. Aus Fairness dem Tierarzt gegenüber, der sich die Mühe macht, diese Übung durchzuspielen, sollten Sie ihn in solchen Momenten nicht durch Fragen aufhalten. Wenn Sie eine Frage oder ein Problem mit Ihrem Hund haben, dann sagen Sie vorher Bescheid und lassen sich einen regulären Termin geben.

16 Briefträger, Paketboten, Müllmänner

Boten aller Art, Müllmänner, Vertreter und einige weitere Berufsgruppen haben mit Hunden größere Probleme als andere Menschen. Der Grund liegt an deren besonderem Verhalten. Wenn der Hund bellt, weil er die Leute an der Haustür hört, diese sich aber aufgrund ihrer Arbeit schnell wieder entfernen, glaubt er, die „Eindringlinge" vertrieben zu haben. Je nachdem, wie sich der Besitzer in diesen Fällen dem Hund gegenüber verhält, kann er unter Umständen dieses Verhalten noch zusätzlich verstärken (vgl. Lob und Strafe). Wenn Sie nicht möchten, dass sich Ihr Hund später wie wild gebärdet, wenn diese Menschen an der Tür schellen, dann sollten Sie schon in Welpentagen daran arbeiten. Bitten Sie sie doch, Kontakt zum Welpen aufzunehmen. Vielleicht ist der eine oder andere sogar bereit, dem Welpen ein Leckerchen zuzustecken und eine kleine Übung (z.B. SITZ) mit ihm zu machen. Wenn sich Hund und Postbote persönlich kennen und die ersten Begegnungen für den Hund positiv verlaufen sind, ist die Chance groß, dass es später nicht zu Problemen kommt.

17 Gaststätte

Ein herrliches Umweltabenteuer ist es, mit dem Welpen in eine Gaststätte zu gehen. Für den Welpen ist dort alles neu: der Ort, die Menschen, die Gerüche, die Räumlichkeiten, die – je nachdem wo man hingeht – vielleicht ein wenig eng oder sehr weitläufig sind, es gibt gedimmtes Licht oder gleißende Neonröhren und andere ungewöhnliche Dinge. Für Sie ist dieses Umweltabenteuer dann besonders stressfrei, wenn der Hund die Übung PLATZ schon einigermaßen beherrscht. Nehmen Sie die Decke Ihres Hundes mit ins Lokal, dann wird der Welpe dieses Abenteuer leichter meistern. Wählen Sie in der Gaststätte einen Platz aus, wo der Hund liegen kann, ohne dass die Gefahr besteht, dass er getreten wird. Wenn es eng ist, eignet sich der Platz unter Ihrem Stuhl oder unter dem Tisch. Legen Sie ihm dort seine Decke hin und befehlen Sie ihm PLATZ. Günstig ist es, wenn der Hund vorher viel getobt hat und nun müde ist. Sollte er noch viel Energie haben und nicht an seinem Platz liegen bleiben, kann man ihm die Übung erleichtern, indem man ihm etwas zur Ablenkung und Beschäftigung gibt. Ein gefüllter Kong beispielsweise ist eine Lösung, aber auch andere Kauspielzeuge sind geeignet. Belohnen Sie den Hund ab und zu zwischendurch, wenn er sich brav verhält. Achten Sie darauf, dass Sie dieses Abenteuer die ersten paar Mal nicht zu lang gestalten, denn das erschwert die Sache. Besuchen Sie mit dem Welpen öfter verschiedene Gaststätten, um auch hier eine noch sicherere Sozialisation zu erreichen.

18 Bahnhof

Der Bahnhof ist ein hervorragender Ort, um dem Hund ein Umweltabenteuer zu bieten. Die vielen fremden Geräusche, Menschen, Gerüche und optischen Eindrücke stellen jedes für sich ein kleines Umweltabenteuer dar. Die Gesamtheit all dieser Eindrücke sollte dem

Welpen erst dann präsentiert werden, wenn er schon einige andere Umweltabenteuer erlebt und eine gute Bindung zu seinem Besitzer hat.

Lenken Sie den Welpen durch eine Übung von dem bunten Treiben um ihn herum ab, während Sie mit ihm über den Bahnhof schlendern und ihn für ruhiges Verhalten belohnen. Dieses Umweltabenteuer ist sehr gut mit den Abenteuern 4 und 11 zu kombinieren. Auch eine Fahrt mit dem Zug ist für den Hund eine neue Erfahrung, die sich im Laufe des späteren Lebens auszahlen wird.

19 Drachen und Heißluftballons

Drachen und Heißluftballons stellen sowohl optische als auch akustische Reize dar. Bieten Sie Ihrem Welpen diese Reize ebenfalls in lockerer Atmosphäre, wie bei den anderen Umweltabenteuern beschrieben. Dieses Umweltabenteuer ist saisonabhängig, deshalb kann es dem Welpen nicht immer während der Sozialisationsphase geboten werden.

20 Wasser

Viele Hunde lieben es, im Wasser zu spielen und zu planschen, andere überhaupt nicht. Bieten Sie Ihrem Welpen die Gelegenheit, Wasser kennen zu lernen und schauen Sie, wie er reagiert. Bewaffnen Sie sich mit einer Handvoll schmackhafter Leckerchen. Stellen Sie sich selbst ein paar Schritte weit ins Wasser, um von da aus den Hund mit den Leckerchen zu locken. Wichtig ist, dass Sie dem Hund die Leckerchen früh genug als Belohnung anbieten, also etwa wenn er nur zwei Pfoten ins Wasser gestellt hat. Bedenken Sie, dass Sie nichts gewonnen haben, wenn Sie das Leckerchen solange wegziehen, bis der Hund definitiv die Lust am Wasser verliert, weil er es bereits als unangenehm tief empfindet. Gehen Sie in kleinen Schritten vor, und belohnen Sie den Welpen besonders überschwänglich, wenn er folgende Hürden überwunden hat: alle vier Pfötchen ins Wasser zu stellen, bis zum Bauch ins Wasser zu waten und zuletzt einen Meter zu schwimmen.

> Sollte sich Ihr Hund standhaft weigern, „den Freischwimmer" zu machen, finden Sie sich damit ab. Machen Sie niemals den Fehler, Ihren Hund ins Wasser zu werfen! Der Schreck, den er dabei bekommt, reicht aus, um eine echte Abneigung aufzubauen oder zu verstärken.

Diese Übung kann man herrlich variieren, indem man den Hund zunächst mit stillen Gewässern wie Seen oder ruhigen Flüssen konfrontiert und später vielleicht auch eine Begegnung mit Wellen an einem lebhaften Bach im Gebirge oder sogar dem Meer ar-

71

rangiert. Grundsätzlich gibt es keinen Grund, allzuviel Mühe darauf zu verwenden, den Hund ans Wasser zu gewöhnen, denn schwimmen kann jeder Hund sowieso (allerdings unterschiedlich gut, was die Technik anbetrifft), und ein wasserscheuer Hund wird immer an jedem anderen Spiel mehr Spaß haben als ausgerechnet an Wasserspielen. Wenn Ihr Hund allerdings zu der Gruppe begeisterter Wasserratten zählt, sind immer neuen Spielereien im Wasser keine Grenzen gesetzt. Sie können herrliche Apport-Spiele mit dem Hund spielen. Einige Hunde tauchen sogar nach Gegenständen. Im Handel gibt es außerdem diverse Apport-Gegenstände, die auf dem Wasser schwimmen, so dass der Hund sie von der Oberfläche fischen kann. Achten Sie bei solchen Spielen darauf, den Hund nicht zu überfordern, denn schwimmen ist für Hunde um ein Vielfaches anstrengender als laufen. Nach dem Schwimmen im Meer empfiehlt es sich, den Welpen mit Leitungswasser abzuspülen, um das Salz und den Sand von der Haut zu entfernen. Trocknen Sie ihn nach einem Badeausflug ab oder lassen Sie ihn rennen, damit er trocknet und sich nicht verkühlt.

21 Schnee

Die meisten Hunde mögen Schnee gerne und haben viel Spaß daran, in der weißen Pracht zu toben, Flocken nachzulaufen, sich im Schnee zu wälzen oder von Ihnen unter der Schneedecke verstecktes Spiel-

zeug aufzustöbern. Die kalte Jahreszeit bringt mit
dem Schnee allerdings auch zwei Probleme mit
sich: Wenn der Hund Schnee frisst, führt dies
schnell zu einer Magen-Darm-Verstimmung. Versuchen Sie ihn deshalb davon abzuhalten. Das zweite
Problem im Winter sind die mit Salz gestreuten
Gehwege. Hunde haben an den Pfoten häufig kleine Verletzungen durch die tägliche Beanspruchung,
die normalerweise zu keiner Beeinträchtigung
führen. Wenn allerdings das Streusalz in die Wun-
den eindringt, brennt es und bereitet dem Hund
große Schmerzen. Daraus entsteht gleich ein weiteres Problem: Um den Schmerz zu lindern, lecken
sich die Hunde die Pfoten und nehmen hierbei das
Salz auf. Das ist auf Dauer der Gesundheit nicht
zuträglich. Schaffen Sie Ihrem Hund Erleichterung,
indem Sie die Ballen im Winter beispielsweise mit
Vaseline einreiben. Nach jedem Spaziergang auf ge-
salzenen Wegen empfiehlt es sich, die Pfoten kurz
mit Wasser abzuspülen. Üben Sie dieses Pfotenwa-
schen ruhig schon im Sommer, falls Ihr Welpe in
der warmen Jahreszeit heranwächst, denn dann
gibt es später bei dieser Prozedur keine Schwierigkeiten.

22 Glatteis

Wenn gerade Frost ist, kann man dem Welpen auf einem zugefrore-
nen See oder einer anderen Eisfläche ein weiteres Umweltabenteuer
bieten. Für einen Welpen ist das Gehen auf Eis etwas Besonderes.
Auch bei dieser Übung sollte der Welpe keine negativen Erfahrungen
machen. Locken Sie ihn ein kleines Stück über eine Eisfläche und
lenken Sie ihn mit einem Leckerchen oder Spielzeug ab. Belohnen Sie
den Hund schon nach den ersten Schritten, damit die ganze Übung
für ihn spannend bleibt. Versuchen Sie, ängstliches Verhalten auch
hier wieder zu ignorieren, um es nicht zu verstärken, und sparen Sie
nicht mit Lob, wenn der Welpe Ihnen mutig ein paar Schritte über das
Eis folgt. Einige Hunde haben regelrechten Spaß auf dem Eis, andere
bevorzugen feste Böden. Achten Sie streng auf die Sicherheit des
Hundes, denn Erlebnisse wie etwa im Eis einzubrechen oder sich beim
Spiel auf dem Eis etwas zu verrenken, sind eine leidvolle Erfahrung
und bleiben tief in der Erinnerung des Hundes haften.

Wie schmeckt
Schnee? Kann man
damit auch spielen?

Befehle üben

Rechte Seite: Loben Sie Ihren Hund stets, wenn er herankommt.

Die Erziehung des Welpen beginnt genau in dem Moment, in dem man den Hund übernimmt. Auch wenn man noch gar keine Übungen mit ihm macht, lernt er schon, denn das Verarbeiten von Umwelteindrücken ist eine Form des Lernens. Beeinflussen kann man die Details, die die Umwelt des Welpen ausmachen. Dies sind dann zwangsläufig auch die Dinge, die von ihm wahrgenommen, unbewusst verarbeitet und abgespeichert werden. Neben den Umweltabenteuern kann und sollte man aber auch vom ersten Tag an kleine Erziehungsübungen machen. Es ist immer einfacher, einen Welpen von vornherein an die neuen Regeln in der Familie zu gewöhnen, als dem Hund später seine ehemals "niedlichen" Welpen-Marotten wieder abzugewöhnen.

Die ersten erzieherischen Maßnahmen sind bereits auf den Seiten 34 ff. beschrieben. Nach und nach kann man dem Welpen auch verschiedene Befehle vermitteln. Da sich Welpen nicht sehr lange konzentrieren können und außerdem viel Zeit zum Spielen und Schlafen brauchen, sollten Sie mit einem Welpen möglichst häufig am Tag, aber immer nur kurz üben, das heißt, pro Übungseinheit sollte eine Übung nur wenige Male wiederholt werden. Ein idealer Zeitpunkt, mit einem Welpen zu üben, liegt zum Beispiel zwischen zwei Spielphasen. Der Welpe sollte einen entspannten und zufriedenen Eindruck machen, wenn Sie die Übung beginnen. Die Belohnungen bereiten dem Welpen Spaß und vermitteln ihm, dass er etwas Tolles geleistet hat. Gleichzeitig lernt er, wie angenehm es ist, wenn Sie sich mit ihm beschäftigen. Achten Sie beim Üben darauf, dass der Hund auch Umgebungsmuster mit abspeichert und wechseln Sie deshalb häufig den Übungsort (vgl. Seite 32, Generalisierung).

Bedenken Sie beim Üben Folgendes: Der Hund soll lernen, Ihren Befehl umgehend zu befolgen und solange durchzuhalten, bis Sie ihn wieder auflösen.

Natürlich kann ein Hund erst dann so schnell wie möglich und fehlerfrei reagieren, wenn er eine sichere Verknüpfung zwischen dem Befehl und seiner Aktion hergestellt hat. Alle Übungen müssen ihm Schritt für Schritt vermittelt werden. Indem Sie den jeweiligen Befehl zunächst entsprechend früh wieder auflösen, können Sie die Übung immer mit Erfolg beenden und dem Hund dennoch verständlich machen, dass er auf Ihr Kommando achten muss, bevor er sich trollen darf.

! SITZ

SITZ ist der ideale Befehl, um den Hund für eine gewisse Zeit an einem bestimmten Ort zur Ruhe anzuhalten. Machen Sie Ihren Welpen aufmerksam, indem Sie ihn an einem Leckerchen schnüffeln lassen. Wenn Sie das Leckerchen so halten, dass Sie den Zeigefinger erhoben haben und die restlichen Finger das Leckerchen umschließen, wird der Hund SITZ zugleich auch auf Sichtzeichen lernen – was sehr praktisch sein kann. Halten Sie das Leckerchen möglichst nah an die Hundenase und führen Sie, sobald der Hund Interesse zeigt, diese Hand langsam nach oben über den Kopf des Hundes, so dass er nach oben guckt. Warten Sie geduldig, bis sich der Welpe setzt. Er wird es tun, denn das ist für ihn die bequemste Haltung, um die Hand mit dem Leckerchen mit dem Blick und mit der Nase zu verfolgen. Genau in dem Moment, wenn der Po des Hundes den Boden berührt, sagen Sie das Lautzeichen SITZ und geben ihm das Leckerchen. Nutzen Sie neben normalen Übungssituationen ruhig auch Momente, in denen Sie möchten, dass der Welpe sich einen Augenblick ruhig verhält, etwa wenn Sie das Halsband anlegen, bevor Sie die Tür zum Spaziergang öffnen oder beispielsweise an jedem Bordstein.

Wollen Sie später mit Ihrem Hund Prüfungen ablegen, ist es günstig, wenn Sie Ihrem Welpen schon früh beibringen, frontal zu Ihnen und an Ihrer Seite zu sitzen. Lösen Sie die Übung zunächst schnell auf, später verlangen Sie längeres Durchhalten.

! PLATZ

Um dem Welpen die PLATZ-Übung klar zu machen, geht man im Prinzip genauso vor wie bei der SITZ-Übung. Auch hier kann man den Hund gleichzeitig an ein Sichtzeichen gewöhnen. Lassen Sie ihn an einem Leckerchen schnuppern, legen Sie es dann auf den Boden, so dass er es sieht, und decken Sie es mit der flachen Hand ab. Arbeiten Sie stets mit etwas besonders Schmackhaftem – das erhöht die Motivation des Hundes. Nun müssen Sie nichts weiter tun als geduldig zu warten, bis sich der Welpe hinlegt. Einige Hunde bellen zunächst oder versuchen, die Hand mit der Pfote wegzuschieben, andere probieren es mit der Nase oder sehen Sie erwartungsvoll an. Bleiben Sie stur, was Ihre Hand anbetrifft. Falls Ihr Welpe droht, die Lust zu verlieren, lassen Sie ihn noch einmal an dem Leckerchen schnüffeln. Wenn er sich schließlich hinlegt, gilt es, wiederum genau in diesem Moment die Hand wegzunehmen (damit er das Leckerchen fressen kann) und deutlich den Befehl PLATZ zu sagen. Loben Sie den Hund ruhig zusätzlich mit der Stimme. Steht er auf, um das Leckerchen zu fressen, decken Sie schnell wieder die Hand darüber und warten, bis er sich erneut hingelegt hat. Zu Beginn der Übung ist es für Sie am bequemsten, selbst zu hocken, denn es kann schon mal ein bisschen dauern, bis sich der Welpe zum ersten Mal hinlegt. Versuchen Sie aber, in den folgenden Übungen selbst langsam in den Stand überzugehen. Setzen Sie hierbei weiterhin die gestreckte Hand als Sichtzeichen ein. Wenn der Welpe schon eine erste Verknüpfung hergestellt hat, geben Sie das Sichtzeichen, ohne sein Interesse vorher durch das Leckerchen gesteigert zu haben und bringen es erst bei erfolgreichem Abschluss der Übung als Belohnung ins Spiel.

! KÖRBCHEN

Es ist praktisch, wenn man für den Hund einen Befehl hat, der für ihn bedeutet, dass er auf seinen Platz gehen soll. Dort darf er dann tun was er will, er muss nicht gespannt liegen und auf weitere Befehle warten wie bei der PLATZ-Übung, sondern kann sich einrollen, spielen, dösen oder an einem Kauknochen nagen. Nutzen Sie mit dem Welpen als Übung Momente, in denen er sowieso gerade auf seinem Platz ist. Sagen Sie dann deutlich den Befehl (KÖRBCHEN) und streicheln Sie ihn als Lob oder stecken Sie ihm ein Leckerchen zu. Wenn Sie dies einige Male wiederholt haben, können Sie dazu übergehen, auch den Welpen schon auf seinen Platz

Benutzen Sie den Befehl niemals als Strafe, denn es soll für den Hund eine Übung sein, die ihm Spaß macht! KÖRBCHEN soll für den Hund nicht die Bedeutung bekommen, dass er abgeschoben wird, sondern dass er für eine gewisse Zeit abschalten kann.

zu schicken, indem Sie ihn zunächst mit einem Leckerchen locken und ihn dann am Platz belohnen. Sagen Sie den Befehl aber erst kurz bevor er seinen Platz erreicht. Lassen Sie dem Hund genügend Spielraum, sich einzurollen oder sich in eine andere bequeme Lage zu bringen. Es reicht am Anfang, wenn er etwa eine Minute auf seiner Decke oder seinem Platz liegt. Sollte dem Welpen die Übung schwer fallen, können Sie später auch BLEIB oder PLATZ und BLEIB als Hilfsbefehle mit KÖRBCHEN kombinieren.

! HIER

Wie bereits unter Nachfolgebereitschaft (s. Seite 43) beschrieben, begrüßen Welpen ihre Rudelmitglieder im Prinzip in der Hoffnung, Futter zu bekommen. Um ihnen den Befehl HIER verständlich zu machen, kann man diese futterorientierte Begrüßungs- oder Nachfolgebereitschaft des Welpen wunderbar ausnutzen. Stecken Sie Ihrem Welpen hin und wieder ein Leckerchen zu, wenn er zufällig im Haus oder auf dem Spaziergang auf Sie zugelaufen kommt, oder animieren Sie ihn in solchen Fällen zu einem Spiel. Sagen Sie zeitgleich mit der Belohnung den Befehl HIER oder geben Sie einen Pfeifton.

■ Um einen Welpen aus dem Spiel abzurufen, bedarf es einer guten Motivation.

Ängstliche Hunde kommen häufig nur zögerlich, wenn sie Anspannung oder Unmut des Besitzers spüren, oder trauen sich – wenn sie kein gutes Vertrauensverhältnis zu ihrem Besitzer haben – überhaupt nicht heran.

Der Welpe lernt den Befehl HIER sehr schnell, wenn man sich vorher die häufigsten Fehler ins Gedächtnis ruft, die bei dieser Übung gemacht werden, und wenn man versucht sie zu vermeiden. Denken Sie daran, dass die Gabe, einen Hund schnell und gut zu erziehen, darin liegt, ihn gut zu motivieren. Wenn der Hund also einmal nicht kommen mag, liegt das daran, dass ihn etwas anderes (etwa das Spiel mit anderen Hunden) ganz einfach stärker motiviert, so dass er deshalb lieber dieser Tätigkeit nachgeht. Einen wichtigen Punkt sollten Sie unbedingt beachten, solange der Hund den Befehl nicht zuverlässig beherrscht: Rufen Sie ihn nicht, wenn die Chancen schlecht stehen, dass er dem Befehl Folge leisten wird. Wenn man nämlich mehrmals umsonst gerufen hat, weil der Welpe nicht sofort gekommen ist, da er in sein Spiel vertieft war, hat man ihm damit nur beigebracht, dass das Rufen im Prinzip keine Bedeutung hat. Sie verlieren so an Autorität für den Hund und stellen weniger den Leiter seiner Gruppe dar als vielmehr einen Peilsender, der ihm in regelmäßigen Abständen meldet, dass alles okay ist oder zum Beispiel, dass sein "Rudel" 150 Meter weiter weg steht und dort sicherlich solange warten wird, bis er kommt.

Rufen Sie den Hund also nur in Spielpausen, wenn er sowieso gerade nach Ihnen schaut, um sich zu orientieren, wo „seine Menschen" abgeblieben sind. Dann stehen Ihre Chancen gut, dass Sie ihn zum Kommen animieren können. Einen zusätzlichen Anreiz bieten Sie dem Hund in solchen Momenten durch auffällige Bewegungen, wenn Sie ein Stückchen weglaufen, sich hinhocken oder sogar hinlegen. Das ist für den Welpen sehr spannend. Sagen Sie den Befehl erst, wenn sich der Kleine schon in Bewegung gesetzt hat und Kurs auf Sie nimmt. Loben Sie ihn überschwänglich, wenn er angekommen ist.

Schimpfen Sie den Hund nicht, wenn er nicht gehorcht hat. Strafmaßnahmen in solchen Momenten führen leicht dazu, dass der Hund das Vertrauen in Sie verliert, weil die Strafe für ihn nicht nachvollziehbar ist. Suchen Sie den Fehler lieber bei sich. Häufig ist mangelnde Motivation der Grund, die Ursache kann aber auch eine fremde Umgebung, starke Ablenkung oder einfach die Tatsache sein, dass der Welpe den Befehl noch nicht wirklich begriffen hat.

> Pfiffe oder Pfeiftöne sind hervorragend als Rückrufbefehl einzusetzen, denn das Signal ist immer völlig emotionsfrei. Zumindest an der Stimme kann der Hund dann also nicht ablesen, dass man vielleicht auch einmal angespannt oder verärgert ist.

> Starken Motivationscharakter auf Hunde hat: Futter, Spielzeug, die Aussicht auf ein Spiel, Aufmerksamkeit in Form von Zuwendung, Streicheln, Lob, Bewegung, ungewöhnliche Körperstellungen, die Sorge, den Besitzer aus den Augen zu verlieren.

79

Lassen Sie Ihren Welpen ab und zu nach dem Kommen eine kleine Übung (z.B. SITZ) machen und versuchen Sie, ihm häufig auch die tollste Belohnung zu geben, die es für ihn gibt: weiterspielen zu dürfen, wenn er aus dem Spiel mit seinen Kumpels heraus auf Ihren Befehl geachtet hat.

> Ein wichtiger Punkt ist, den Welpen nicht nur dann zu rufen, wenn Sie gehen möchten. Auch dies verknüpft ein Hund schnell. Rufen Sie ihn deshalb immer wieder zwischendurch.

Sollte der Welpe Ihnen auf dem Spaziergang zu weit vorausrennen, können Sie ihn aus der Distanz dadurch verunsichern, dass Sie sich verstecken. Sobald er Ihr Verschwinden bemerkt hat, wird er eiligst versuchen, Sie wiederzufinden. Loben Sie ihn dann dafür, dass er kommt, auch wenn Sie eigentlich verärgert sind, weil es solange gedauert hat! Achten Sie hier darauf, dass weder Ihre Körpersprache noch Ihre Stimme Ihren Ärger widerspiegeln!

Wenn Sie sich gelegentlich verstecken und nur ein einziges Mal rufen, fördern Sie die Aufmerksamkeit Ihres Hundes ganz besonders. Er wird immer wieder stehen bleiben und nach Ihnen sehen oder aber auf seinen Schnüffelwegen immer wieder bei Ihnen vorbeikommen. Loben Sie ihn auch dafür gelegentlich, denn dann bleibt es für den Hund eine lohnende Angelegenheit. In einem intakten Team hat der Welpe auf dem Spaziergang zwar Freizeit zum Toben mit Hunden, zum Schnüffeln, Trödeln und Spielen, er ist aber trotzdem stets einsatzbereit für Befehle und er signalisiert dies normalerweise durch sein oben beschriebenes Verhalten.

Trainingsprogramm für den Einsatz einer Hundepfeife

Basisübung:
Pfeifen Sie zunächst nur zu Hause und nur direkt bei folgenden Anlässen:
- vor oder beim Fressen
- vor oder beim Spielen
- vor oder beim Schmusen
- vor dem Spaziergang

und vor jeder anderen Situation, die Ihr Hund liebt. Benutzen Sie immer die gleiche Tonfolge.

Folgeübung 1: (ca. 1 Woche bis 10 Tage nach der Basisübung anfangen)
Pfeifen Sie einmal, wenn Sie in einem anderen Zimmer als Ihr Hund sind. Wenn er kommt, erhält er ein tolles Lob und eine besonders attraktive Belohnung (Spiel oder Futter). Üben Sie neben dieser Übung auch die Basisübung weiter.

Folgeübung 2: (ca. 1 Woche bis 10 Tage nach Folgeübung 1 anfangen)
Gestalten Sie die Übung nun schwieriger, indem Sie mit dem Hund ein
Versteckspiel innerhalb der Wohnung machen. Verstecken Sie sich z.B.
hinter Türen, unter, hinter oder auf einem Tisch, unter, auf oder hinter
dem Bett, Schrank etc. Das Signal, Sie zu suchen soll für den Hund der
Pfiff sein. Belohnen Sie Ihren Welpen für eine erfolgreiche Suche jedesmal überschwänglich und steigern Sie den Schwierigkeitsgrad gemäß
dem Geschick Ihres Hundes. Üben Sie dieses Spiel mehrmals täglich,
ruhig auch in Kombination mit der Basisübung oder der Folgeübung 1.

Folgeübung 3: (ca. 1 Woche bis 10 Tage nach Folgeübung 2 anfangen)
Wenn Sie das Gefühl haben, dass Ihr Welpe innerhalb der Wohnung
zuverlässig auf den Pfiff reagiert, können Sie die Pfeife auch draußen
anwenden. Geben Sie dem Hund zunächst auch hier für jeden Pfiff sofort ein Leckerchen. Und steigern Sie dann erst den Schwierigkeitsgrad,
indem Sie ihn ein paarmal heranpfeifen, wenn keinerlei Ablenkungen
da sind, später auch mit Ablenkungen. Belohnen Sie Ihren Hund
zunächst immer, nach ein paar Tagen zwar noch häufig, aber nur noch
unregelmäßig. Ab und zu muss der Hund auch einen „Jackpot" für
braves und sofortiges Kommen erhalten, damit er nicht die Lust an
dieser Übung verliert.

! AUS

Die einfachste Möglichkeit, dem Hund den Befehl
AUS verständlich zu machen, ist folgende:
Während der Welpe mit einem Spielzeug oder mit
einem Kauknochen beschäftigt ist, stecken Sie ihm
ein besonders schmackhaftes Leckerchen zu und
"tauschen". In dem Moment, wo er sein Spielzeug
freigibt, um das Leckerchen zu fressen, sagen Sie
AUS. Auch hier ist die Motivation der entscheidende Punkt. Das bedeutet, das Tauschleckerchen muss
wirklich besonders schmackhaft sein, denn sonst ist
die Spielmotivation größer als die Begierde nach
dem Leckerchen. Lassen Sie bei der AUS-Übung das
Spiel zusätzlich unattraktiv werden, indem Sie zum
Beispiel bei einem Ziehspiel den Gegenzug auf das
Spielzeug lockern. Für den Fall, dass der Hund
nicht in Greifnähe ist, man ihm aber etwas weg-

Lässt der Hund den Gegenstand fallen,
wird er immer sofort belohnt!

Das Maul des Hundes ist leicht zu öffnen, wenn man über die Schnauze greift und hinter den Reißzähnen Daumen und Zeigefinger in die Maulspalte schiebt.

nehmen möchte, kann man sich eines schon bekannten Motivationstricks bedienen: Rascheln Sie auffällig mit etwas und drehen Sie sich weg, so als ob Sie etwas nur für sich haben wollen. Auch lustige Bewegungen, schnelles Weggehen und nicht zuletzt natürlich auch das "Tauschleckerchen" führen dazu, dass sich der Welpe wieder für Sie interessiert und zu Ihnen kommt. Wenn er nah genug ist, können Sie die AUS-Übung wie gewohnt durchführen.

Sollte es die Situation erfordern, dass man dem Hund schnell etwas aus dem Maul wegnehmen muss, dann sollte man dies so emotionslos wie möglich machen. Das heißt: nicht schimpfen, einfach hingehen, ihm die Schnauze öffnen und den Gegenstand herausnehmen. Je mehr Aufhebens man um diese Sache macht, umso wichtiger erscheint dem Welpen die ganze Angelegenheit.

! BLEIB

BLEIB ist ein Befehl, der für den Hund zunächst nicht besonders attraktiv ist: Er ist von Ihnen getrennt und muss noch dazu in einer bestimmten Position (SITZ, PLATZ oder STEH) verharren. Wenn der Hund den Befehl über positive Werte vermittelt bekommt, wird er ihn aber dennoch gerne ausführen.

Beginnen Sie mit der BLEIB-Übung schon früh, damit der Welpe nicht erst lernt, dass Sie ständig für ihn da sind. Koppeln Sie den Positionsbefehl SITZ, PLATZ oder STEH an den Befehl BLEIB. Sagen

Variieren Sie diese Übung, indem Sie Wartestellung, Ort, Zeit und Entfernung ändern. Bedenken Sie, dass der Hund eher zum Nachrennen verleitet wird, wenn Sie sich schnell entfernen.

Sie zum Beispiel "Tinta, SITZ und BLEIB". Gehen Sie einen halben Meter weg und sofort wieder zu Ihrem Welpen zurück und belohnen ihn. Als Handsignal eignet sich die offene, angewinkelte Hand am nicht ganz gestreckten Arm. Sowohl die Entfernung als auch die Dauer der Trennung sollte man täglich variieren, damit sich der Welpe an kein festes Schema gewöhnen kann. Wenn er BLEIB schon ein paar Sekunden lang befolgt, geht man bei der Trennung einen Schritt weiter und schließt beispielsweise hinter sich die Tür, kommt aber sofort wieder herein und belohnt den Hund, wenn er seinen Platz nicht verlassen hat. BLEIB fällt dem Welpen immer dann besonders leicht, wenn er sowieso müde ist. Nutzen Sie solche Situationen, um schneller zum Trainingserfolg zu kommen.

Damit Ihr Welpe den Zusammenhang dieser Übung sicher verknüpfen kann, empfiehlt es sich, die Übung zunächst damit zu beenden, dass Sie zum Welpen zurückkehren und ihm an seinem Platz das Leckerchen geben. Später können Sie den Hund aber auch mit HIER abrufen.

Die verschiedenen Lernphasen zum Befehl BLEIB

1. Der Hund bleibt, Sie gehen einen Schritt zurück und kommen direkt zurück.

2. Der Hund bleibt, Sie gehen einen Schritt zurück, warten ein paar Sekunden und kommen dann zurück.

3. Sie entfernen sich ein paar Schritte weit, kommen sofort zurück.

4. Wie 3., nur die Zeit wird ausgedehnt.

5. Sie entfernen sich ein gutes Stück, kommen sofort zurück.

6. Wie 5., nur die Zeit wird ausgedehnt.

7. Sie entfernen sich zwar nicht weit, aber außerhalb der Sichtweite Ihres Hundes und kommen schnell zurück.

8. Sie steigern Zeit und Distanz außerhalb der Sichtweite des Hundes.

! STEH

STEH ist ein nützlicher Befehl, mit dem man den Hund sowohl stoppen als auch zum ruhigen Verharren im Stand anhalten kann. Für die STEH-Übung können Sie außer den normalen Übungsorten gut ein kleines Tischchen oder draußen etwa einen großen Baumstumpf als neuen Übungsort wählen. Halten Sie Ihrem Welpen, wenn er sich setzen will, die nach oben zeigenden gespreizten Finger einer Hand so unter den Bauch, dass sie den Hund erst dann berühren, wenn er sich wirklich setzt. Belohnen Sie ihn mit einem Leckerchen, schmeichelnden Worten oder Streicheln, wenn er ein paar Sekunden ruhig stehen bleibt, und sprechen Sie während dieser Zeit deutlich den Befehl STEH aus.

Um dem Welpen STEH auch aus der Bewegung heraus beizubringen, eignet sich folgende Variante: Üben Sie STEH mit dem angeleinten Hund, indem Sie STEH sagen und dabei selbst sofort stehen bleiben. Läuft der Hund weiter, führt dies zu einem von ihm selbst verursachten Ruck an der Leine. Loben Sie den Welpen sofort, wenn er ruhig steht. Achten Sie darauf, dass er erst nach Ihrem ausdrücklichen

83

Genau wie auch bei den anderen Übungen müssen Sie das Lautsignal zeitgleich mit der Ausführung der Übung aussprechen, damit der Welpe eine sichere Verknüpfung herstellen kann.

Befehl weitergeht. Bis der Welpe die Übung sicher beherrscht, sollte der Befehl zum Weiterlaufen möglichst bald erfolgen. Wenn der Hund schon eine Verknüpfung zum Befehl hergestellt hat und angeleint sofort stehen bleibt, trainieren Sie die Übung auch mit dem unangeleinten Hund auf Zuruf. Passen Sie hierzu zunächst Situationen ab, in denen Sie sich darauf verlassen können, dass die Übung gelingt. Sparen Sie nicht mit Lob, wenn Ihr Welpe schnell und zuverlässig reagiert – schließlich ist STEH ein Befehl, der sehr wichtig für die Sicherheit des Hundes sein kann.

! PENG

Dem Welpen beizubringen, sich auf die Seite oder auf den Rücken zu legen, ist eine praktische Übung. Denn wenn der Hund diese Übung beherrscht, kann man ihm völlig stressfrei eine Zecke am Bauch entfernen, die Pfoten abputzen oder diese kontrollieren, wenn man glaubt, dass er sich etwas in den Ballen getreten hat. Besonders leicht lernt der Hund PENG aus der PLATZ-Stellung heraus. Beobachten Sie ihn, wenn er in der PLATZ-Stellung ist. Irgendwann wird er die Sphinx-Stellung aufgeben und ein Hinterbeinchen unter den Bauch schlagen. Dann kann er sich problemlos auf diese Seite legen. Halten Sie dem Welpen hierzu ein schmackhaftes Leckerchen vor die Nase und führen die Hand dann seitlich auf den Boden. Manchmal hilft es, die Vorderpfote der Seite, auf die er sich legen soll, festzuhalten, damit der Hund keine Chance hat, die Position zu verändern. Warten Sie

PENG ist ein nützlicher Befehl.

geduldig, bis er sich von selbst auf die Seite legt. Geben Sie ihm dann sofort das Leckerchen als Belohnung.

Wenn sich Ihr Hund partout nicht von selbst hinlegen will, können Sie auch folgende Variante anwenden: Sprechen Sie den Befehl immer dann aus, wenn Ihr Welpe sich zum Beispiel zum Schlafen auf die Seite fallen lässt und belohnen Sie ihn auch dann mit einem Häppchen.

! PFÖTCHEN

Das Pfötchengeben ist eine Übung, die viel praktischer ist als man zunächst vielleicht ahnt. Denn einem Hund, der auf Befehl die Pfoten gibt, kann man leicht die Füße sauber machen, einen Dorn aus dem Ballen entfernen oder ihn dazu anhalten, sich selbst zu befreien, wenn er sich in der Leine verheddert hat.

Genau wie die Nachfolgebereitschaft ist das Pfötchengeben eine welpentypische Verhaltensweise, denn sie ist dem Milchtritt sehr ähnlich und außerdem eine Beschwichtigungsgeste. Durch eine einfache Übung kann man dem Welpen diesen Befehl in Minuten vermitteln. Nehmen Sie hierzu ein begehrtes Leckerchen so in die Hand, dass es fest umschlossen ist. Lassen Sie den Hund aber vorher daran schnüffeln. Halten Sie ihm die Hand so hin, dass er bequem seine Pfote darauf legen kann. Nun brauchen Sie nur zu warten, bis der Hund die Pfote anhebt. Sprechen Sie genau in diesem Moment den von Ihnen für diese Übung gewählten Befehl aus und öffnen Sie die Hand, damit er das Leckerchen als Belohnung bekommt. Wenn Sie möchten, dass der Welpe die Pfote wirklich auf Ihre Hand legt, sollten Sie ihn zwar schon mit Worten loben, wenn er bloß die Pfote anhebt, ihm aber das Leckerchen erst geben, wenn seine Pfote Ihre Hand berührt.

Geben Sie nicht auf, wenn Ihr Welpe erst mit der Nase an Ihre Hand stupst, bellt, sich hinsetzt oder hinlegt, um Sie davon zu überzeugen, dass er das Leckerchen gerne hätte. Reizen Sie ihn dann weiter an, indem Sie ihn nochmal am Leckerchen schnüffeln lassen. Wenn die erste Verknüpfung hergestellt ist, können Sie für beide Pfoten auch unterschiedliche Befehle einführen.

! HIER RAN

Ebenfalls nützlich ist es, einen Befehl zu haben, der den Welpen dazu veranlasst, so nah wie möglich an einen heranzukommen. Dies erreichen Sie leicht, indem Sie den Kopf des sitzenden oder stehenden

85

Hundes sanft an Ihr Bein drücken, ihn dann kraulen, verbal loben und ihm ein Leckerchen geben. Wie immer muss der Befehl im Moment der Handlung ausgesprochen werden, also während Sie den Welpen an Ihr Bein drücken und belohnen. Als Sichtzeichen kann das aufmunternde Klopfen mit der flachen Hand auf den Oberschenkel benutzt werden. Nach ein paar Wiederholungen geben Sie dem Hund das Sichtzeichen, zeigen ihm das Leckerchen, das Sie nah bei sich am Körper halten, und warten, bis er sich von sich aus an Sie schmiegt. Belohnen Sie diese Leistung zusätzlich durch überschwängliches Lob.

Leckerchen sanft aus der Hand nehmen

Die meisten Hunde freuen sich sehr über Futterbelohnungen und schnappen gierig nach jedem Bissen, der ihnen hingehalten wird. Das ist sehr lästig – und manchmal sogar schmerzhaft, wenn doch noch ein Finger dazwischen war. Es ist nicht schwer, dem Welpen beizubringen, die Belohnungshäppchen nur auf Befehl und dann auch nur sachte zu nehmen. Verfahren Sie so, dass Sie Ihren Hund den Bissen nur unter NIMM fressen lassen. Verweigern Sie ihm das Leckerchen, wenn er gierig schnappt. Loben Sie ihn, wenn er es besonders sanft genommen hat, ruhig zusätzlich mit Worten.

! APPORT

Vielen Hunden bereiten APPORT-Übungen große Freude, denn sie spielen hierbei viele Verhaltenssequenzen aus dem Jagdverhalten durch. Attraktiv ist vor allem das Hetzen eines Objektes sowie das Nachjagen, Überwältigen und Tragen der Beute. Andere Verhaltensweisen, die auch rasseabhängig sind, sind zum Beispiel das Fixieren in geduckter Haltung, das für Hütehunde typisch ist, oder auch das Vorstehen, das einige Jagdhunde auch bei Apport-Spielen zeigen. Wenn man später mit dem Hund nicht jagdlich arbeiten will, kann man dem Welpen auch zugestehen, seine „Beute" nach Herzenslust totzuschütteln. Aus der APPORT-Übung lassen sich diverse Spiele oder auch echte Aufgaben ableiten. APPORT ist eine tolle Übung, mit der man Hunden, indem man sie für sich "arbeiten" lässt, die Langeweile im Alltag nehmen kann.

Um mit dem Welpen den Apport zu üben, gehen Sie folgendermaßen vor: Loben Sie ihn immer spontan, wenn er von sich aus etwas im Maul trägt und Ihnen damit entgegenläuft. Sprechen Sie dabei gleichzeitig den gewählten Befehl aus – zum Beispiel APPORT.

Vermitteln Sie dem Hund aber auch, dass alle anderen Verhaltensdetails, die zusammen die APPORT-Übung bilden wie Hinrennen, Aufnehmen und Tragen, ebenfalls gewünschte Verhaltensweisen sind – loben Sie Ihren Welpen auch dafür. Wenn Sie möchten, können Sie für das Hinrennen, Aufnehmen und Tragen eigene Befehle einsetzen.

Bringen Sie dem Hund parallel zu diesen „Vorübungen" den Befehl AUS bei (s. Seite 81). Wenn Ihr Hund die einzelnen Verhaltensdetails zeigt, können Sie beginnen, die eigentliche Übung zu trainieren. Wählen Sie dazu ein interessantes Spielzeug und werfen es ein bis zwei Meter weit weg. Wenn der Welpe hinläuft und das Spielzeug aufhebt, rufen Sie ihn und bieten ihm ein Leckerchen an. Setzen Sie den Befehl APPORT immer dann ein, wenn der Hund mit seiner Beute auch nur die kleinste Bewegung in Ihre Richtung macht und loben Sie ihn dafür. Das Leckerchen bekommt er, wenn er Ihnen das Spielzeug nach dem Befehl AUS gibt.

Viele Hunde nehmen spontan Gegenstände auf. Das ist der Anfang der APPORT-Übung, die dann nur noch in die richtigen Bahnen gelenkt werden muss.

Um zu erreichen, dass der Welpe den Gegenstand wirklich bis zu Ihnen bringt, können Sie eine HALTEN-Übung einführen, in der der Hund dafür belohnt wird, dass er den Gegenstand im Maul hält und ihn dann, nach dem Befehl AUS, hergibt. Sagen Sie bei dieser Übung den Befehl AUS immer erst dann, wenn Sie schon an das Spielzeug gefasst haben.

Konzentrationsübungen

Um später vom erwachsenen Hund uneingeschränkte Aufmerksamkeit erhalten zu können, wenn es die Situation erfordert (z.B. im Training, aber auch, wenn man den Hund einmal in eine fremde Umgebung mitnehmen muss), sollte man schon mit dem Welpen Konzentrationsübungen machen. Diese Übungen sehen so aus, dass man versucht, die Aufmerksamkeit des Welpen auf sich zu lenken (mit Hilfe eines Leckerchens oder eines Spielzeugs) und ihn in zunächst kurzen Zeitabständen zu belohnen.

Ideal ist es, wenn der Hund seine Aufmerksamkeit auf Ihr Gesicht richtet. Dies erreichen Sie, wenn Sie ihn mit dem Spielzeug oder Leckerchen anreizen und es dann etwa auf Brusthöhe halten, während Sie die Spannung aufbauen. Belohnen Sie Ihren

TIPP

Vermeiden Sie es aber, den Hund in solchen Momenten konzentriert anzustarren, denn das wirkt auf Hunde bedrohlich.

Welpen, wenn er gespannt auf den von Ihnen gehaltenen Gegenstand schaut. Länger andauernde Konzentration erreichen Sie, indem Sie nach und nach die Belohnung immer ein klein wenig später geben. Bedenken Sie aber, dass sich ein Welpe zu Beginn des Trainings nur wenige Sekunden konzentrieren kann und oft belohnt werden muss, damit die Übung für ihn spannend bleibt. Lassen Sie den Hund diese Übung ruhig häufig, aber zunächst nicht mehr als zweimal hintereinander machen, denn solche Konzentrationsübungen sind für Hunde sehr anstrengend.

Eine andere Konzentrationsübung: Bleiben Sie mit dem angeleinten Hund stehen. Vermeiden Sie direkten Blickkontakt zu Ihrem Welpen, sprechen Sie ihn nicht an und berühren Sie ihn auch nicht. Warten Sie in dieser Position so lange, bis der Hund Sie einmal angeschaut hat. Belohnen Sie den Hund genau in diesem Moment mit einem schmackhaften Leckerchen, einem kurzen Spiel oder einer anderen tollen Belohnung. Auf diese Weise machen Sie den Welpen aufmerksam und zeigen ihm, dass es sich lohnt, auf Sie Acht zu geben.

■ Linke Seite: Dieser Welpe ist ganz konzentriert. Er hat schon gelernt, dass er für das Anschauen allein ein Leckerchen bekommt.

! NEIN

Um den Welpen besser korrigieren zu können, ist es sinnvoll, ihm durch eine zusätzliche Übung die Bedeutung des Korrekturwortes NEIN beizubringen, denn sonst kann er den plötzlichen Missmut seiner Menschen nicht richtig einordnen. Das Korrekturwort ist keine Strafe, sondern ein Ablehnung erzeugender Reiz, der den Hund dazu veranlassen soll, mit dem, was er gerade tut, aufzuhören. Das NEIN muss also während der unerwünschten Handlung ausgesprochen werden.

Hört der Welpe daraufhin auf, sollten Sie sich selbst unbedingt im Zaum halten und ihn nicht schimpfen, weil Sie vielleicht noch ärgerlich sind! Schließlich hat er den Befehl NEIN ja befolgt. Am besten lassen Sie den Welpen im Anschluss an die Korrektur eine leichte Übung machen und belohnen ihn dafür. Auf diese Weise wird für ihn der Unterschied zwischen erwünschter und unerwünschter Handlung noch eindeutiger.

Um dem Hund NEIN zu vermitteln, gehen Sie wie folgt vor: Halten Sie in jeder Hand einige Leckerchen und lassen Sie den Hund davon nacheinander unter NIMM 6 bis 7 fressen. Dann sagen Sie NEIN und verweigern das Leckerchen in der Hand, an die der Hund gerade dran wollte. Aus der anderen Hand bekommt er aber seinen Happen. Während er sich auf die andere Hand umorientiert, können Sie ihn auch noch mit der Stimme loben. Damit sich Ihr Welpe nicht einprägt, dass er nichts aus der Hand fressen soll, üben Sie das NEIN nur ab und zu und in unregelmäßigen Abständen mal mit der rechten, mal mit der linken Hand. Auf diese Weise lernt Ihr Welpe die Bedeutung des Wortes folgendermaßen zu verknüpfen: NEIN bedeutet, meine Handlung führt zu keinem Erfolg. Der Erfolg stellt sich aber ein, wenn ich mich umorientiere. In dieser Übung bezieht sich die Umorientierung auf die andere Hand, später dann auch auf einen Befehl, den er als Ersatz für seine unerwünschte Handlung ausführen soll.

Es gibt eine andere Möglichkeit, das NEIN-Kommando zu trainieren. Beide können abwechselnd ausprobiert werden. Man legt auf die flache Hand ein Leckerchen und lässt es vom Hund unter NIMM fressen. Dies macht man häufig und schnell. Irgendwann schließt man die Hand genau in dem Moment, in dem der Hund das Leckerchen fressen will und sagt NEIN. Stellt er sein Bemühen ein, kann er belohnt werden (mit Worten oder ruhig auch mit einem anderen Leckerchen). Dann fährt man fort, ihm wieder eine ganze Weile lang Leckerchen anzubieten, die er haben darf, bis man irgendwann wieder einmal eines durch NEIN verweigert und so weiter...

Bordstein

Besonders in der Stadt werden Autos für Hunde zur Gefahr. Leider ist es sehr schwierig, dem Hund klar zu machen, dass er nicht auf die Straße laufen darf. Denn die Liste mit unterschiedlichen Situationen ist nahezu endlos: Mal sind die Straßen von hohen, mal von flachen Bordstejnen eingegrenzt, mal schlängelt man sich zusammen mit ihm zwischen geparkten Autos durch, mal sind gar keine geparkten Autos da. Mal hält – zum Beispiel an einer Ampel – direkt vor ihm ein Auto, dann wieder fährt in rasantem Tempo eines an ihm vorbei etc.

Meine eigenen Hunde lasse ich an jedem Bordstein kurz SITZ machen. Zum Überqueren der Straße habe ich einen eigenen Befehl eingeführt, bei dem sie möglichst zügig mit mir mitkommen sollen. Ohne Befehl dürfen sie sowieso nicht aufstehen. Auf diese Weise hoffe ich, die bestmögliche Sperre zu erreichen, das heißt, dass die Hunde niemals eigenständig auf die Straße laufen. Sinnvoll ist dies allerdings nur, wenn man wirklich hundertprozentig konsequent ist. Sollte man, weil man in Eile ist, doch einmal ohne SITZ und ohne Befehl mit den Hunden die Straße überqueren, hat man sich alle vorausgegangene Arbeit zunichte gemacht.

■ Lassen Sie Ihren Welpen konsequent an jedem Bordstein SITZ machen.

Anhang

Qualitätsmerkmale bei Welpengruppen und Hundeschulen

Der Gruppenleiter sollte
- ruhig, freundlich und mit Hunden und Menschen geduldig sein.
- über ein solides und modernes Wissen über Ethologie, Haltung, Fütterung und natürlich die Lernprinzipien verfügen und sich darin fortbilden.
- alle Fragen gewissenhaft beantworten und Dinge gut erklären können.
- den Kurstag vorbereitet haben, aber auch flexibel bei Änderungen sein.
- alle Geräte und Hilfsmittel bereitstellen – auch Leckerchen und Spielzeuge für die, die diese einmal vergessen haben.

Das Gelände sollte
- möglichst vielgestaltig sein oder die einzelnen Termine sollten an unterschiedlichen Orten stattfinden.

Kursinhalte
- Wichtigster Punkt: das Spiel mit den anderen Welpen zum Erlernen der Beißhemmung und eines guten Sozialverhaltens.
- Vielfalt an Umweltabenteuern und welpengerechten Hindernissen.
- Früherziehung ist schon in diesem Alter möglich und anzuraten. Wenn der Gruppenleiter ein fachkundiger Hundeausbilder ist, findet man in der Welpengruppe Rat in sämtlichen Erziehungsfragen.
- Theoretisches Wissen sollte vermittelt werden: über die wichtigsten Erkrankungen, erste Hilfe, Ernährung, Lerntheorien, Erziehung, Hundehaltung etc.
- Schön ist es, wenn ein oder zwei gut sozialisierte, nicht zu gutmütige, erwachsene Hunde mit intakter Beißhemmung an der Welpengruppe teilnehmen.

Dauer
- mindestens 60 Minuten, aber nicht länger als 3 Stunden.

Gruppengröße
- überschaubar: je nach Anzahl der Trainer maximal 8 Teams (Hund und Besitzer).

Betreuung
- Beim Spiel sollten die Welpen weder Halsband noch Leine tragen.
- In der Welpengruppe soll auf Krankheitsprophylaxe Wert gelegt werden: bei der An-

meldung sollte nach dem Impf- und Entwurmungs-schema gefragt werden.

• Der Gruppenleiter darf keinen Teilnehmer vor der ersten Impfung oder im Krankheitsfall zulassen.

• Fragen sollten zwischendurch oder sonst nach dem Kurs – ggf. auch telefonisch – beantwortet werden.

• Die Gruppenteilnehmer sollten Unterlagen über die wichtigsten Kursinhalte erhalten. Denn nicht alles, was am Kurstag besprochen wurde, bleibt in Erinnerung.

Allgemeines

• Die Besitzer sollten angeleitet werden, selbst mit den Hunden zu arbeiten. Der Trainer macht eine Übung vor, leitet die Gruppe und korrigiert, falls nötig.

• Wenn der Welpenkurs auf dem Gelände einer Hundeschule stattfindet, schauen Sie auch auf Folgendes: Die Freude an der Arbeit sollte den Hunden in anderen Kursen ins Gesicht geschrieben sein. Der Geräuschpegel durch Gebell sollte nicht zu hoch sein, denn dann ist konzentrierte Arbeit nicht möglich und es gehen wichtige Erklärungen der Trainer

unter. Das Trainingskonzept sollte systematisch und dem Leistungsstand der Gruppe angepasst sein.

• Individuelle Beratung ist wichtig. Hund ist nicht gleich Hund. Besonderheiten der Hunderassen sollten berücksichtigt werden.

• Hilfsmittel sollten im Einklang mit den Besitzern eingesetzt werden. Der Trainer sollte bereit sein, das Für und Wider mit den Besitzern durchzusprechen. Die Wahl der Hilfsmittel sollte durch den Tierschutzgedanken bestimmt werden.

Pläne zum Üben mit dem Welpen

	1	2	3	4	5	6	7	
Woche 8	Name Halsband Leinenübung	Name Sitz Halsband Leinenübung	SITZ Leinenübung HIER Halsband	Name Halsband SITZ HIER	Halsband Leinenübung SITZ KÖRBCHEN HIER	Name Hals- band SITZ Leinenübung HIER	Name Halsband AUS SITZ Leinenübung	
Woche 9	8 SITZ PLATZ Halsband Leinenübung	9 Name PLATZ Leinenübung AUS	10 Name AUS PLATZ SITZ	11 SITZ Leinenübung PLATZ HIER	12 Leinenübung AUS SITZ KÖRBCHEN	13 HIER SITZ PLATZ Leinenübung	14 Leinenübung STEH AUS SITZ	
Woche 10	15 HIER PLATZ AUS Leinenübung	16 KÖRBCHEN PLATZ BLEIB Leinenübung	17 SITZ Leinenübung PLATZ BLEIB	18 SITZ BLEIB AUS PLATZ	19 PLATZ Leinenübung STEH HIER	20 SITZ PFÖTCHEN AUS HIER	21 Leinenübung STEH KÖRBCHEN BLEIB	
Woche 11	22 HIER AUS PFÖTCHEN PLATZ	23 HIER PLATZ BLEIB Leinenübung	24 SITZ HIER Leinenübung KÖRBCHEN	25 SITZ BLEIB Leinenübung AUS	26 HIER Leinenübung STEH PLATZ	27 PLATZ PENG AUS KÖRBCHEN	28 Leinenübung STEH SITZ BLEIB	
Woche 12	29 PLATZ BLEIB PFÖTCHEN HIER	30 HIER Leinenübung STEH BLEIB	31 SITZ HIER RAN HIER PENG	32 KÖRBCHEN HIER BLEIB APPORT	33 APPORT SITZ HIER Leinenübung	34 SITZ AUS BLEIB PENG	35 Leinenübung PLATZ HIER RAN APPORT	
Woche 13	36 NIMM´S Leinenübung SITZ STEH	37 APPORT AUS SITZ PLATZ	38 PLATZ PFÖTCHEN HIER Leinenübung	39 BLEIB NEIN SITZ STEH	40 Leinenübung STEH BLEIB PFÖTCHEN	41 HIER APPORT AUS Leinenübung	42 SITZ NEIN HIER RAN Leinenübung	
Woche 14	43 KÖRBCHEN BLEIB PLATZ AUS	44 Leinenübung PLATZ SITZ HIER	45 APPORT PENG HIER Leinenübung	46 AUS HIER STEH BLEIB	47 APPORT HIER SITZ KÖRBCHEN	48 NEIN SITZ PENG BLEIB	49 PLATZ HIER AUS Leinenübung	
Woche 15	50 STEH APPORT HIER RAN PLATZ	51 NIMM´S Leinenübung AUS SITZ	52 Leinenübung PFÖTCHEN HIER STEH	53 SITZ NEIN AUS APPORT	54 HIER HIER RAN PLATZ BLEIB	55 PENG Leinenübung KÖRBCHEN APPORT	56 HIER STEH SITZ BLEIB	

Mit dem Übungsplan können Sie sich die Früherziehung Ihres Welpen erleichtern und einen guten Überblick über seine Fortschritte behalten.

- Gestalten Sie das Umgebungsmuster in den Übungen möglichst vielseitig. Achten Sie darauf, die Übungen zu verschiedenen Tageszeiten, auf wechselnden Bodenstrukturen, in verschiedenen Räumen oder draußen an unterschiedlichen Orten zu machen, damit der Hund den Befehl so bald wie möglich generalisieren kann.
- Üben Sie die einzelnen Übungspakete ruhig häufig am Tag, aber immer nur ein paar Mal hintereinander.

- Wählen Sie zunächst Momente zum Üben, wenn keinerlei Ablenkungen vorhanden sind. Bauen Sie dann erst leichte, später schwierige Ablenkungen ein.
- Belohnen Sie Ihren Hund in der ersten Phase immer, wenn er die Übung richtig macht, dünnen Sie später das Lob aus.
- Üben Sie jedes Übungspaket solange drinnen und draußen, bis Ihr Welpe die Übungen ein paar Mal gut befolgt hat.
- Nehmen Sie dann erst das nächste Übungspaket in Angriff.
- Nach diesem Schema sollten alle Familienmitglieder verfahren, damit die Übungen auch bei allen Personen gut gelingen.

Literatur

DEL AMO, C.: Spielschule für Hunde. Verlag Eugen Ulmer, Stuttgart 1998.

DEL AMO, C.: Probleme mit dem Hund – verstehen und vermeiden. Verlag Eugen Ulmer, Stuttgart 1999.

FEDDERSEN-PETERSEN, D.: Hundepsychologie. Franckh'sche Verlagshandlung, Stuttgart 1989.

FEDDERSEN-PETERSEN, D., OHL, F.: Ausdrucksverhalten beim Hund. Gustav Fischer Verlag, Jena 1995.

FOGLE, B.: Hunde richtig erziehen. BLV Verlagsgesellschaft mbH, München 1995.

FOGLE, B.: Was geht vor in meinem Hund. Gustav Lübbe Verlag, Bergisch Gladbach 1993.

HALLGREN, A.: Lehrbuch der Hundesprache. Verlagshaus Reutlingen Oertel und Spörer, Reutlingen 1995.

NIEMAND, H.G., Suter, P.F.: Praktikum der Hundekrankheiten. Blackwell Wissenschaftsverlag, Berlin 1994.

PRYOR, K.: Positiv bestärken – sanft erziehen. Franckh-Kosmos-Verlag, Stuttgart 1999.

Bildquellen

del Amo, Celina, Düsseldorf: Seite 30.
Himmelhuber, Peter, Regensburg: Seite 26.
Juniors Bildarchiv/B. Brinkmann, Ruhpolding: Seite 72.
Juniors Bildarchiv/Ch. Steimer, Ruhpolding: Seite 49.
Juniors Bildarchiv/H. Kuczka, Ruhpolding: Seite 29.
Juniors Bildarchiv/H. Michaelis, Ruhpolding: Seite 81.
Juniors Bildarchiv/J. u. P. Wegener, Ruhpolding: Seite 8.
Juniors Bildarchiv/St. Liebold, Ruhpolding; Seite 7, 13.
Klein, J.-L. & M.-L. Hubert, Lupstein, Frankreich: Titelseite, großes Foto, Umschlagrückseite, Seite 17, 23, 42, 51, 53, 59, 87.
Kothe, Dieter, Stuttgart: Seite 15, 37, 57 (2), 73.
Kuhn, Regina, Stuttgart: Hunde in der Kolumnenzeile, Titelfoto (kleines Bild), Seite 1, 16, 35, 40, 46, 56, 60, 63 (4), 78, 91.
Reinhard, Hans, Heiligkreuzsteinach: Seite 75.
Rügner, Martin, Bad Windsheim: Seite 68.
Schanz, Ulrike, Heimstetten: Seite 67, 88, 92.
Steimer, Christine, Wölfersheim: Seite 44 (2), 62, 84, 90.
Stuewer, Sabine, Darmstadt: Seite 9, 11, 36, 38/39, 50.
Thumm, Ursula, Kaisersbach: Seite 55.

Sämtliche Zeichnungen fertigte Christiane Gottschlich, Berlin.

Der Verlag dankt Heide Dinkel, Ludwigsburg, Claudia Hipp, Stuttgart, Susanne und Ingolf Müller, Kirchhardt, Marianne und Ernst Rick, Abtsgemünd, und ihren Hunden, stellvertretend für alle, die für die Fotoaufnahmen ihre Zeit und Geduld aufgebracht haben.

Die Deutsche Bibliothek – CIP-Einheitsaufnahme

Del Amo, Celina:
Welpenschule : der sanfte Weg zum Familienhund / Celina Del Amo.- Stuttgart : Ulmer, 2000 (Heimtiere)
ISBN 3-8001-3111-0

© 2000 Verlag Eugen Ulmer GmbH & Co. Wollgrasweg 41, 70599 Stuttgart (Hohenheim)
e-mail: info@ulmer.de
Internet: www.ulmer.de
Printed in Germany
Lektorat: Dr. Eva-Maria Götz
Herstellung & DTP: Silke Reuter
Druck und Bindung: aprinta GmbH, Wemding

Register

Neues für den Hundefreund.

Dieses Buch soll dem Hundehalter helfen, Notfälle rechtzeitig zu erkennen, die Übersicht zu behalten und die richtigen Schritte einzuleiten. Allgemeine Behandlungsgrundsätze werden durch solche für spezielle Notfallsituationen ergänzt.
Grundkurs Erste Hilfe für Hunde. Dr. med. vet. A. Bogitzky. Etwa 160 S., 50 Farbf., 20 Zeichn. ISBN 3-8001-7473-1.

Dieses Buch erleichtert in der verwirrenden Vielfalt der angebotenen Fertigfutter und Frischfutterzubereitungen die richtige Auswahl.
Hunde richtig füttern. H. Meyer u.a. 1997. 128 S., 52 Farbf. und Farbgraf., 45 Tab. ISBN 3-8001-6873-1.

Hier finden Hundebesitzer interessante Anregungen, wie sie die Übungen auf dem Trainingsplatz neu gestalten können.
Abwechslung im Hundetraining. M. Schaal u.a. 1999. 109 S., 71 Farbf. ISBN 3-8001-7462-6.

In diesem Buch wird genau erklärt, wie Probleme mit dem Hund entstehen und was man dagegen tun kann. Wer die Körpersprache des Hundes kennt und weiß, wie ein Hundehirn lernt, der kann so manche „Fehlverknüpfung" vermeiden. Aber auch bei bestehenden Problemen gibt es viele Lösungsmöglichkeiten.
Probleme mit dem Hund verstehen und vermeiden. Mit 6 speziellen Trainingsprogrammen. C. del Amo. 1999. 190 Seiten, 56 Farbfotos, 11 Zeichnungen. ISBN 3-8001-7468-5.

Dieses Buch macht mit dem Ausdrucksverhalten von Hunden vertraut und gibt Tipps zum richtigen Verhalten. Zeichnungen veranschaulichen die Elemente der Körpersprache. Die zur Verständigung eingesetzten Körperteile sind hervorgehoben.
Die Körpersprache des Hundes. Ausdrucksverhalten erkennen und verstehen. F. Ohl. 1999. 111 S., 57 Farbf., 22 Zeichn. ISBN 3-8001-7445-6.

Dieses Buch bildet die Grundlage dafür, dass der Hundebesitzer bei seinem Tier Krankheiten erkennen und einschätzen kann.
Hundekrankheiten. Vorbeugen, erkennen, behandeln. Dr. med. vet. E. Ernst. Etwa 224 S., 70 Farbf., 20 Zeichn. ISBN 3-8001-3181-1.

Die in diesem Taschenbuch beschriebenen 100 Spielideen und Übungen für drinnen und draussen zeigen, wie man garantiert die Langeweile aus dem Hundeleben vertreibt und ihm ganz nebenbei auch den nötigen Gehorsam beibringt.
Spielschule für Hunde. 100 Tricks und Übungen. C. del Amo. 2. Aufl. 1999. 190 S., 86 Farbf. 19 Zeichn. ISBN 3-8001-6901-0.

Das Buch bietet viele Anregungen für spielerische Übungen.
Spiel und Spaß mit meinem Hund. Agility, Mobility, Obedience. D. Baumann. 1997. 149 Seiten, 104 Farbfotos. ISBN 3-8001-7377-8.